図2-8

図2-15

図2-16

図2-18

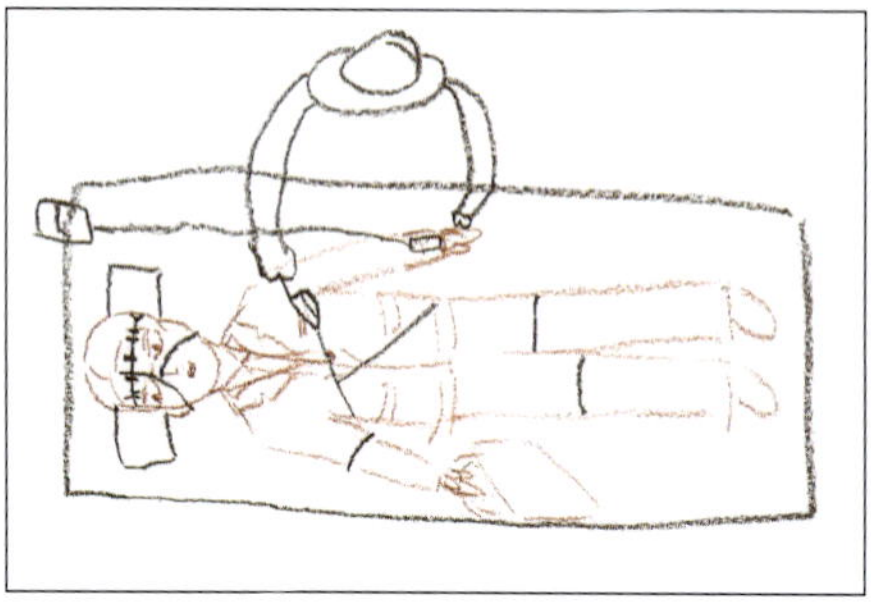

図2-19

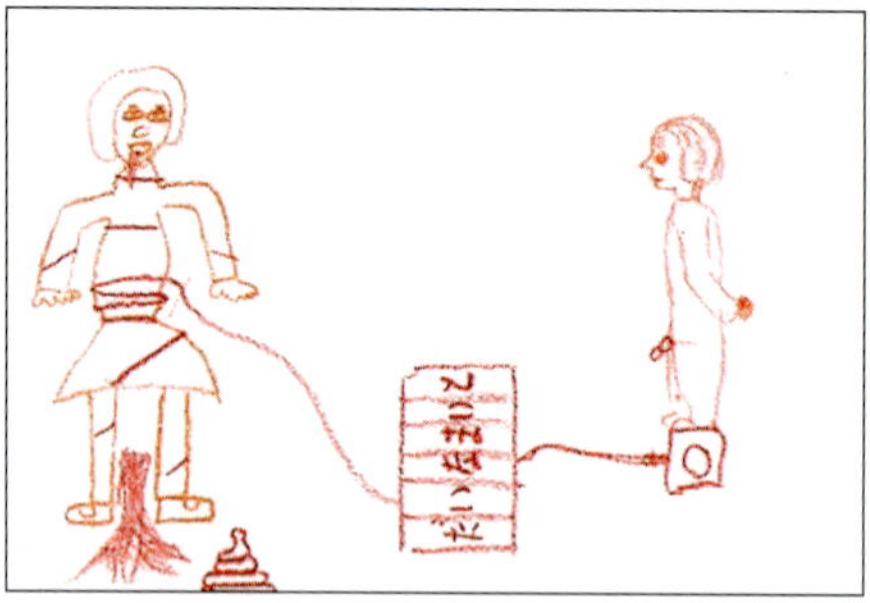

図2-20

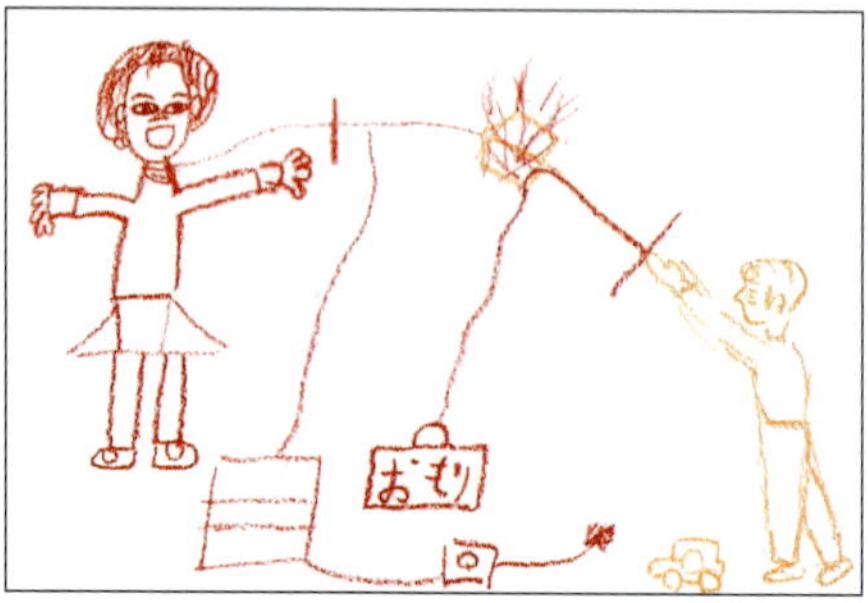

図2-21

図2-24

図2-25

図2-26

図2-27

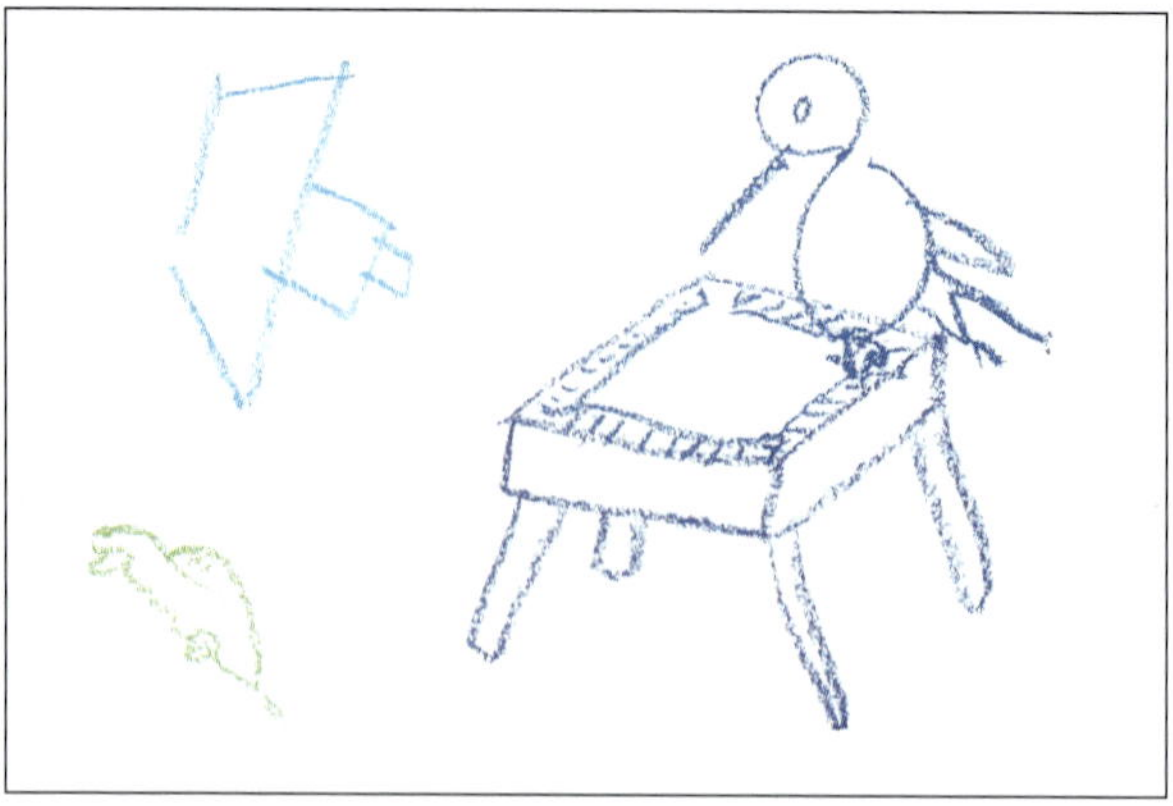

図2-30

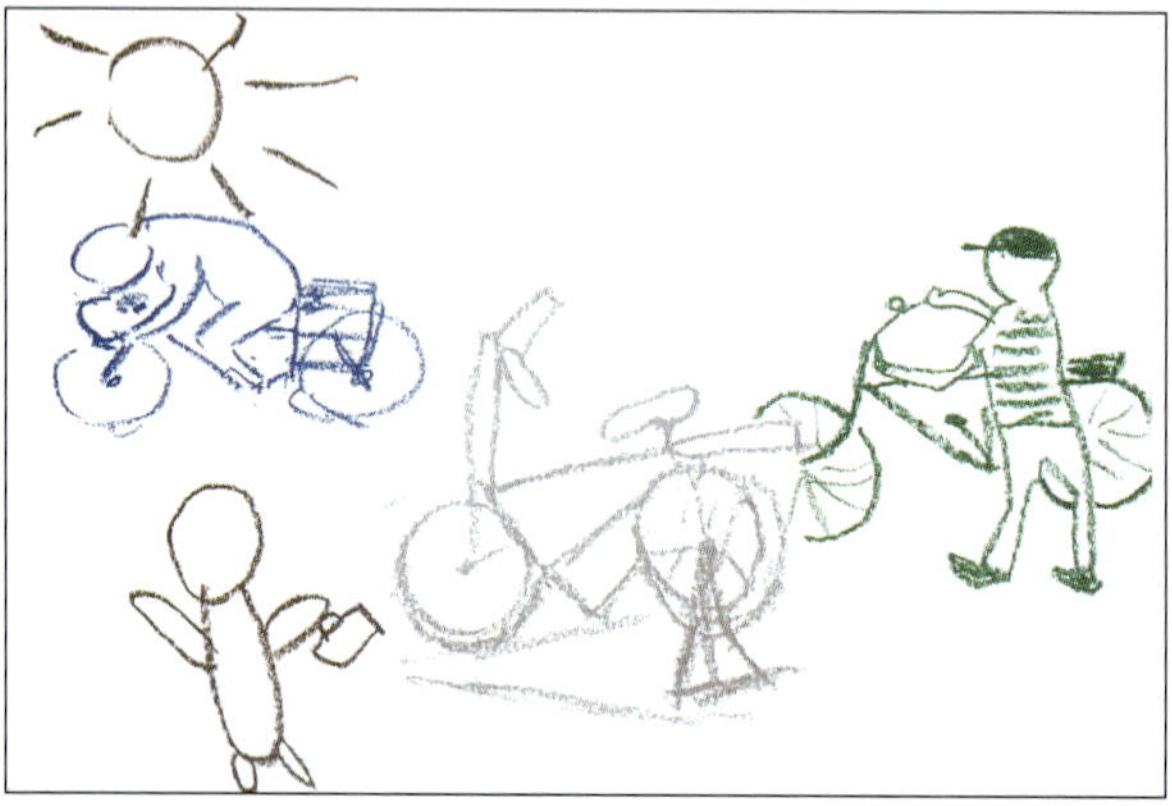

図2-31

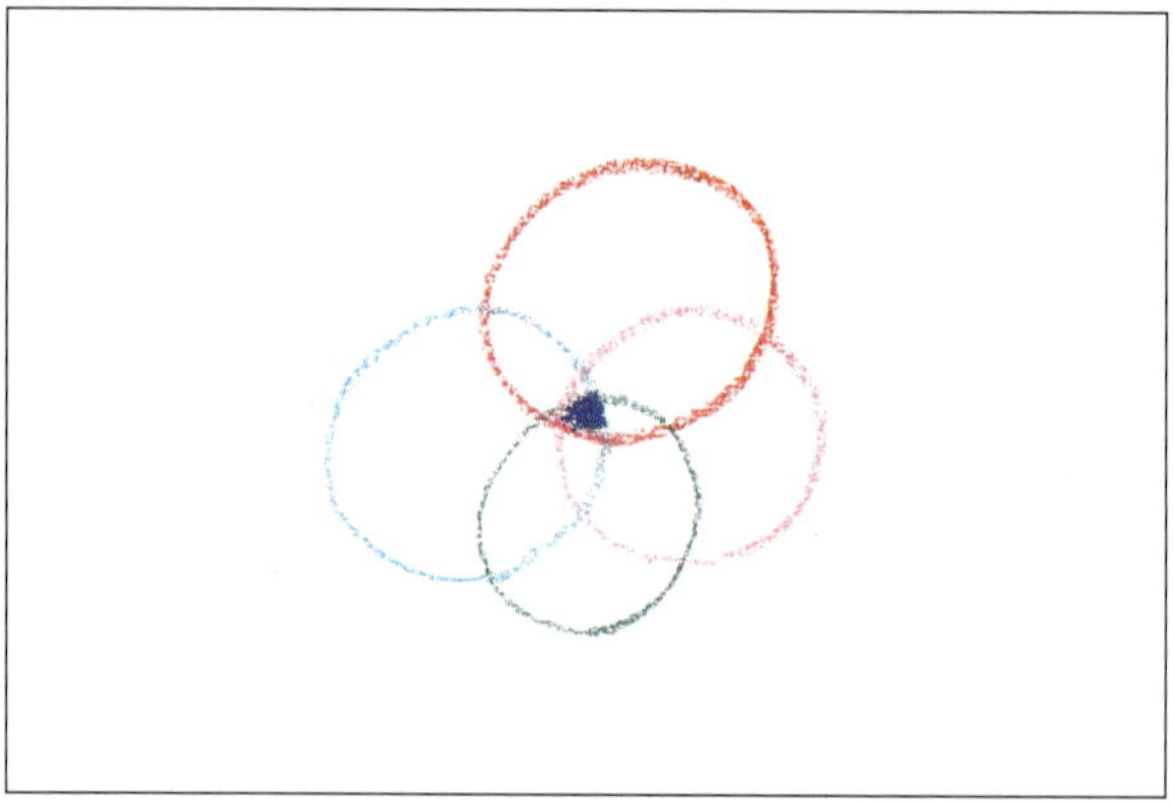

図3-1

親があっても子が育つ

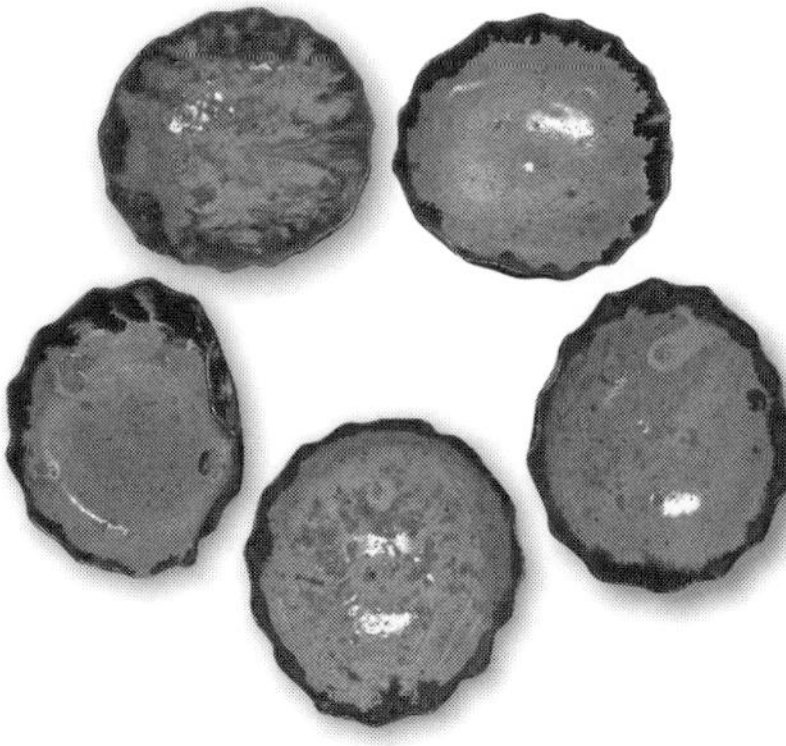

描画などモノから見える家族

石川 元
Ishikawa Gen

福村出版

親があっても子が育つ――描画などモノから見える家族　目次

第五章　モノとしての「体重」、そのものを利用した症例　114

序章
親があっても子が育つ

いわゆる無頼派に分類される著名な小説家 坂口安吾（１９０６～１９５５）の随筆『不良少年とキリスト』に「親があっても子が育つ」という箴言があります。「親がなくとも、子が育つ。ウソです。親があっても、子が育つんだ。親なんて、バカな奴が、人間づらして、親づらして、腹がふくれて、にわかに慌てて、親らしくなりやがった出来損いが、動物とも人間ともつかない変テコリンな憐れみをかけて、陰にこもって子どもを育てやがる。親がなきゃ、子どもは、もっと、立派に育つよ」（坂口安吾、１９４９）。ボクが零歳のとき書かれた原稿ですが、文学に情熱を傾けていた高校生の頃、初めてこの一文を読みいたく感動しました。今思うと、逆説や皮肉としてしか理解していませんでした。当時は、自身も親との葛藤で、それなりに苦しい時期ではありました。しかし、老境に入ったいま、この文章に改めて接すると、全然、印象が違います。第一に、同じ無頼派でも太宰治とは正反対ですが、この文章を通しての坂口安吾にメンタル面での完璧な健康さを感じます。第二に、これは、現代の迷い、悩む家族が取り入れるべき、温かく優しい、素敵な助言だとも受け取れることです。ボクは20代の後半に精神科医になりました。専門は思春期・青年期。30代の中盤から、日本には無かった「（システム論）家族療法」を始めました。まだ全国で2施設しか実践している所が無かった時期でした。やがてテレビの教育番組などで紹介され、遠方から患者さんや家族が到来します。それ

までなかった学会も立ち上げました。以来40年、家族を扱う心理療法を長年手掛け、夥しい数の症例に接し、且つ自分も家庭を持ち、人生を述懐する時期に達したボクの結論。追い追い本文を読み進められる向きにはご理解いただけるでしょうが、それこそまさに坂口安吾の箴言そのものなのです。

第一章　家族の内容ではなく家族という形式こそ重要

はじめに――「家族」とは何か

「家族」とは何かと問われると多くの条件が介在してきます。血縁の有無。同居しているか、していないか。3世代4世代まで含めるかどうか。親密であることや利害を共有することがあるのかどうか、法律上の結びつきの有無、等々。「家族」を治療の対象とする場合、「家族」の意味が定まらないと、曖昧なままでは事は始まりません。臨床――患者さんや家族と治療目的で接すること――の対象である「家族」は、専門家だけでなく一般人にも理解できる、単純且つ明解な形である必要があります。

ところが「家族」という言葉にはさまざまな雑念が混入します。その理由の一つ。「家族」はもともと多義だからです。同居している親きょうだいの他に、親戚を含めて家族という場合もあれば、家庭風な雰囲気とか、同じ方向性をもった集団、さらに拡大すれば社会組織の一部を示すこともあります。理由のもう一つ――ここでの論の展開にはより重要ですが――は、ヒトが「家族とは何か」と問われたとき、単に辞書にあるような「家族」の意味を問われているのに、聞き手の方で認識の変換が瞬時に起きて、「家族はどうあるべきか」まで考えてしまうからです。衣食住を共にする生活感覚や、同じ運命を共有する親密さまで随伴してしまいます。つまり、「家族」という言葉は、幻想を抱かれ、思い入れの対象になりやすい、不思議な響きをもっているのです。

こんなにありふれた言葉なのに（あるいは、ありふれた言葉だからこそ）実に難解です。先に述べたような「単純且つ明解な形」にするには定義に思いや願いが入ってはなりません。

さて、この先、本文の至る所で遭遇されるでしょうが、ボクの得意な見方・考え方は2点に集約されます。第一は、「モノと見なす」こと。第二は「画像（図表や描画）として捉える」ことです。ボクの偏った脳は聴覚刺激より視覚刺激を処理するほうが優位であり、逐一・個別を弁別するより一括・全体を把握するほうが理解しやすいと、ある時期から考えるようになりました。そういったボクの脳では「家族」とは、以下のように単に「形」でしかないのです。

「家族」には、核家族、原家族、拡大家族の三つがある。社会レベルで容認された性関係にある成人男女とその実子もしくは養子からなる集団が核家族、ある個人の親きょうだいが原家族、3世代以上にわたって核家族を集積したものが拡大家族である。

家族を治療の対象にする場合、一番注目するのは、核家族です。重要である理由は、家族というものの基本単位である点、もう一つは、本書では「核家族の形が保たれている」ことを絶対視しているからです。まだ、ここで述べることではありませんが、核家族の形が存在するということは決して幸せなことではなく、問題を抱えてもなお核家族であり続けなくてはならないというところに問題がある、というのが昨今のよくある見解です。抽象めいたもの言いですが、その家族が健康か不健康かという場合、いろいろな問題を抱えていて、あるいは成員同士の葛藤があって、なおも核家族の形が保たれていたほうが、保たれていないよりもはるかに不自然だという考え方、別居・離婚も一家離散もしない状態で葛藤を抱えることがいかに不健康なことかという解釈です。

ボクはそう考えません。そういう家族こそが治療の一番の対象になるのです。つまり、はるか以前からよく遭遇しましたが、犯罪や非行の少年の家庭に多いタイプの家族、つまりそれぞれが自分勝手なことをしてバラバラという拡散家族では、家族成員が問題を何か起こしても他の家族成員は負担に感じず、それぞれのことをしています。子どもの将来も「世間体」もどうでも良いのです。ところが、子どものことで、料金と時間とを犠牲にして、ボクたちの外来を訪れる情緒障害や心身症の子どもの家族は、家のなかにいろいろな問題を抱えているのですが、とにかく形としての核家族は保っています。そういう家族に限って、思い切りが悪く、世間体を考えて決して離婚はしないし、誰かが問題を起こしたら少なくとも家族のひとりはその問題に一生懸命取り組み、その子どもの症状が契機になって家庭がバラバラになることはないというように、核家族の形を保っているのです。

家族を治療の対象にする場合、この「形」が必要です。「家族がどうあるべきか」という出発だと、形式がどうであれ内容が問題になってしまうからです。

家庭が核家族の形を保っていれば、個人を取り巻く「場」としての家族は機能します。ですから、離婚した夫婦を子どものために、治療場面でだけ夫婦として縒《よ》りを戻させることもあります。家族が子どもの症状によって振り回される度合いが強ければ強いほど、ボクたちは歓迎するのです。

1 「家族」をひとつの集まりとして捉える

説明だけでは実感できないでしょうから、一般化しないで、具体例を提供しながら話を進めます。

外来に、お父さんが来られました。教育パパという呼び名がいいかどうかはともかく、非常に熱心なヒトでした。お母さんとのあいだに男の子がふたりいます。高校生と中学生です。相談はお父さんの意志で、特に病気というわけでもない弟のことでした。一般に、相談にやって来るヒトのことをクライエントと言います。依頼人ということですね。ですから、自分で何か身体の症状や、こころの葛藤があって相談に来る場合は、クライエントが患者さんでもあるわけですけれど、ここで問題にされている、つまり患者さんに当たるのは息子の中学生。お父さんがクライエントということになります。患者さんに当たるヒトが受診を希望しない、精神科外来ではよくあるケースです。

非行についての相談でした。非行といいましても筋金入りのものではなくて、学校で煙草を吸ったとか、級友の小遣いを巻き上げたとかで、徒党を組んでということはありません。警察沙汰ではなく、家族が学校へ呼び出される事態が頻発していました。

最初、お父さんは話されてはいなかったのですが、そのうち、実はもうちょっと悲惨なことが起きていると分かりました。いわゆる家庭内暴力。この中学生の身体がだんだん大きくなってきて、もともとお父さんは小柄ですから、身長が逆転しますね。それまではお父さんが押さえ込んでいましたが、ある時期から息子が暴力を振るうようになってエスカレートするばかり、という状況だったわけです。

お父さんはというと、されるがままに殴られて、それでもまだ、懲りもしないで注意をする。お父さんは非常に外面を気にするヒトで、学校に呼び出されることをすごく恥じている。一方、お母さんはといえばもともと無気力。胃下垂があったり、低血圧やめまいがみられたり、冷え性だったり、という体質。専業主婦で、仕事をしているわけではなく家に居られるのですが、子どもの学習や教育にほとんど関与せず、子どもを叱責したり注意したりすることもありません。経済上も家を支えているお父さんに、ほとんど頼りきっていたわけです。次男がお父さんを殴るのを見て、おろおろしてしまううちに、殴られても抵抗しないお父さんが、どこか頼りないなという形で、夫婦の関係も以前よりは少し冷めたものになっているようにみえました。

お兄さんはというと、いわゆる秀才型です。中学のときから成績優秀で、高校は名門校に進学。そこでも一生懸命勉強し始めたのです。中学校のときは、少しグレてつっぱっていた時期もありましたが、競争には興味があります。高いレベルの高校に入ってみると、周りは勉強しなくてもできる同級生がたくさんいると感じて、以前にも増して精進しています。同じ屋根の下でのこと、弟がお父さんを殴っているのは知っていました。

あるとき兄はお父さんに「弟を何とかしなければ」とか、「ボクが弟を抑え込むようにしようか」と提案したことがありました。しかしお父さんが、機先を制して、「お前は勉強していればいい。絶対に口を出してはいかん」と反対されました。お兄さんはまんべんなく物事を見ることができない性質でもあるのでしょう、勉強のことも気になっているので、お父さんの言うまま黙っています。そういう家族でした。

精神科の外来でなくても、どこの相談施設や教育機関でも遭遇するような、読者にも馴染み深い症例を提示したのは、この部分の表題である「〈家族〉をひとつの集まりとして捉える」ことを解説するのに格好の例だったからです。

表に出ている「非行」は中学生個人の、裏に潜んでいる家庭内暴力はその子と父親との問題なのでしょうか。人間関係をどういう物差しで捉えるかと関連する命題です。この例の場合、家庭外では非行を起こし、家庭内では暴力を振るう家族成員、つまり「問題の人物」がいてそれで困惑しているが放置せざるを得ない家族がいる。そういう場合、「問題の人物」という形で、個人に焦点を絞る考え方を普通はします。この人物が加害者で、他の家族が被害者であるという考え方です。

話は変わり、今度は、おそらくほとんどのヒトが注目しないお母さんに焦点を絞ってみましょう。「個人」に注目するのは次男だけではなくてお母さんにも向かいうる矢です。無気力体質は仕様がないとして、父親と、バランスの取れた親業を果たせないでいるので、このお母さんこそ問題なのだという見方もできます。

そうなると、お母さんが加害者で、次男を筆頭に、お父さんもお兄さんも被害者です。これが個人に問題や病理を求める考え方です。

こういう方向でこの家族をあらためて見たときに、誰が問題だと思いますか。また、どうしたらいいと思いますか。「お父さんとお母さんのチカラ関係を変える」ということも対応策になりそうですね。夫婦にスクラムを組ませるということになるのでしょう。お母さんが無気力なヒトでも、お父さんのメンタルな支えになれるかもしれません。しかしやってみると難しいでしょう。ほかにはどうすることができそうでしょうか。兄に役割をもたせることも必要に見えますね。また、どうして弟が父親を殴ってしまうのか、第三者が介入して弟の話をよく聞いてあげるということも必要でしょう。兄だけが期待されてきた現状を弟は恨みに思っているかもしれません。実際に弟が非行に走ってお父さんを殴るようになって初めて、父親は弟に注目しだしたわけで、出来の悪い弟のほうはこれまで放っておいたことも無視できません。そういうことを弟と話し合って不満を吐き出させるとか、お兄さんを説得して、勉強ばかりしていても家庭が不安定では、環境としてよくないからと説明して、協力してもらうというアプローチとかもあるでしょう。あるいはお父さんが殴られているときに、お母さんは見ていないでお父さんの側に行って寄り添えば息子は殴るのをやめるかもしれません。いくつもいくつも候補が出て来てまとまりません。どのアプローチもお父さんならお父さん、お兄さんならお兄さんといった、個人に的を絞っているからです。

ボクがまず、お母さんの話を何回か聴くとします。そうするとお母さんの立場というものが分かってくる。最初は「いくら無気力体質だからといって、もうちょっと子どものことに関心をもって動いたらどうか」とか、「夫もたいへんだから支えてあげたらどうか」とかこちらが思っていても、話を聴くうちに「このヒトはずっと病弱な人生を送ってきた」とか、「夫のある一言がきっかけで協力する気がなくなっている」とかが分かって同情してしまう。だんだん、お母さんをどうにかしようという気持ちがなくなってきます。

治療者にもいろいろなタイプがありますよね。男性の治療者で、自分が非常に干渉の多い母親の教育を受けていたとしますと、子どもが母親の言いなりになっていたり、反発していたりするのを見て、自分の昔のことを思い出して、その母親を許せません。その治療者のなかで続いていた思春期青年期の葛藤が再燃してしまうわけです。自分の母親は今はもう老いぼれてしまって、昔の面影はないのですが、この家族の母親を見たときに、自分が若い頃体験した、同じ反感が湧いてきて、子ども贔屓になる、子どもと一緒に母親を責めるという図式におちいってしまう。こういうことはよくあります。逆に、子どものことで親として苦労してきたセラピストがこういう親子を見ると、母親の立場に立って、気がつくと母親に加勢して子どもを責めている。子どもが治療後はさらに追いつめられていくという状況もありえます。

誰かの肩を持たないということは、人間と人間が接するうえで非常に難しいことなのです。3人の人間がいますと、どんなにうまくやってもふたりが結び付いてしまって、ひとりが蚊帳の外に追いやられるのです。人間関係というのは非常に緊張をはらんでいるものですから、それを緩和しようと誰かと誰かが結び付いて3人目が捨てられるということがしょっちゅう起きています。ですから、人間関係が濃くなると、客観性のある立場を取れなくなります。そういう意味で、個人をみる見方は、だんだん偏ったものになっていくわけです。それなら、この場合は状況をどう捉えたらよいのか。

「こころ」の動きを探ろうとすると複数が影響し合うわけで、ものすごく難しいわけです。解決策を見つけにくいでしょう。複数の、目に見えない個々の「こころ」での交流に注目するからです。家族を十把一絡げに、ひとつのまとまりとして捉えるためには、個人個人を越えた共通の「モノ」を探し、それに注目することです。そのようなことはできるのでしょうか。

2 図式化できる「モノ」に注目――お金の流れ

家族間の相互作用を、曖昧な「こころ」や愛情の問題として考えるのではなくて、感情の混入しない「モノ」の問題として考えると、相互作用の把握は断然簡単になります。

家族のなかでの「モノ」。その流れは、各人の「こころ」の動きに注目していると見えません。そもそも、家族に関係ある「モノ」とはなんでしょう。思いをめぐらせてください。身長、体重、性別、血液型、呼吸数、心拍数、血圧、平均食事量、知能指数、時間。そう、「モノ」ならすべて、もともとは「こころ」と無関係な項目です。もっとありませんか。そう、お金です。お金なら「流れ」や「相互作用」にも関連付けしやすいです。

この家族でのモノの流れとして捉えやすいのは経済状態ですね。お父さん、お母さん、長男、次男に存在する金銭の流れをみていきます。一家のためのお金が、お父さんの会社から来る。家族のなかで唯一働いているお父さんが本来は受け取る額なのですね。夫婦共稼ぎでもなく、家賃や駐車場の収入があったり、親族から金銭援助があったり、お兄さんがアルバイトしていたりもないので、他の収入はゼロです。お父さんからお母さんに生活費が渡されて、子どもに行く形になっています。ここには「こころ」の流れは関係していません。「モノ」の流れとして捉えられます。ここで使われているのは、一休さんの「トラ退治*」と同じ、発想の転換です。

トラの脅威という「こころ」の不安は、トラが本来の「絵（モノ）」に戻ることで一気に消えるのです。「こころ」から「モノ」への展開は、現実そのものを変えるのではなく現実への見方を変えることです。把握するのに「こころ」という漠然とした世界だと困難でも、「モノ」であれば可能です。

一家には、複雑に絡み合った結果、動けなくなっている「こころ」の寄せ集めだけでなく、経済という単純な「モノ」の円滑な流通もあるのです。

3 もうひとつの重要な、家族にとっての「モノ」――家系図を見る

横道に逸れますが、本書全体で重要な事項ですから、家族に具わったもうひとつの、生物学・遺伝学レベルでの「モノ」が何かについて、ここで押さえておきます。冒頭で引用した坂口安吾の「親があっても子が育つ」を思い出してください。「……親らしくなりやがった出来損いが、動物とも人間ともつかない変テコリンな憐れみをかけて……子どもを育てやがる」の「動物とも人間とも」の部分が重要です。動物（ここでは人間以外）と人間とで、親子という関係での共通した部分を考えるために、思い浮かべて欲しいモノがあります。

家系図をご覧になったことはあるでしょうか。文に縦書き横書きのある日本でも横書きがほとんどの外国でも、家系図では時間軸を上から下に取ります。同時期の関係――夫婦やきょうだい――は横（水平）に並べ、親と子は縦（垂直）に積みます。これを別の言葉で表現すると「世代と世代のあいだに線が引ける」という

＊ 一休の頓智の評判を聞いて、殿様がお城に一休を招き入れる。夜中に屏風から抜け出して悪い事ばかりするので困る、屏風のトラを縛りあげてくれと頼む。キバをむいて、今にも襲いかかってきそうに描かれたトラ。一休は、縄を用意してもらい、捻り鉢巻きをし腕をまくり、そして殿様に、トラを屏風から追い出してくれるよう依頼する。殿様がそれは出来ないというと、一休はトラは屏風から出て来ないんですね、安心いたしました、出て来なければ自分もトラを縛ることはできませんと告げ、あっぱれな頓智だと殿様から絶賛され、褒美をもらって寺に帰る。

ことになります。この線は専門家のあいだでは「世代間境界」と呼ばれていて、ここに「こころ」は介在しませんし、親には親の立場があり、子どもには子どもの立場があるというような、役割期待でもありません。ボクは、動物としての天意だと思います。

日本を代表する人類学者、霊長類学者、ゴリラ研究の第一人者で京都大学総長でもある山極壽一（１９５２～）の著書『父という余分なもの――サルに探る文明の起源』（新潮社、２０１５）を読んだとき、上記の「天意」は、進化学上、人類以前とされるサルやゴリラからすでに観察されている〈近親相姦（インセスト）の回避〉と関連があると理解できました。いささか長くなりますが、関連部分を引用しておきましょう。

「サルの社会に人類家族の成立条件がまったく見当たらないわけではない。……人類に特有だと思われた条件の多くはサルの社会にも認められるのである。現在地球上には約三〇〇種のサルが生息しているが、どの種でも一般に血縁関係の近い異性とは交尾を避ける傾向があるし、集団をつくる種ではどちらかの性が集団間を移動して近親間に交尾が起こる機会を減じている。たとえば、ニホンザルの社会ではオスだけが集団間を移籍する。オスは性成熟に至る前に出自集団を離れるので、母親や姉妹と交尾をする機会はなく、移籍した先でも長期間滞在し続けないので、そこで生まれた娘とも交尾をする機会はなくなる。すなわち、サルの社会でもインセストの回避と外婚はある程度達成されていることになる」（14～15頁）。「ゴリラの社会でも母親と成長した息子は交尾を回避する傾向があるが、ゴリラの娘もまた父親との交尾を避けるのである。この場合、オスは必ずしも生物学的な父親である必要はない。メスが幼児の時代から熱心に世話を焼いていたオスがどうやら交尾を回避する対象になるらしい。一方、成長した息子はどんなに力が強くなっても、このように幼児時代に面倒を見てくれたオスを屈服させたり追い出そうとはしない。このため、一度自分の集団を構えたオスは生涯その集団の長であり続けることができる。ゴリラの社会には「社会学的父親」とでも呼ぶべき存在があり、父と息子が単なるオスとして張り合うのではない世代の分化が認められるのである。父親と娘の交尾回避は、娘の性的関心をほかのオスへ向けさせ、親元から離脱させる動機をつくる。思春期を迎えたとき、父親以外に成熟したオスがいなければ、娘は交尾相手を集団の外へ求めると思われるからである。つまり、ゴリラの社会では交尾回避が若いメスの移籍を促して、人類社会の外婚にあたるような現象を引き起こしているのである」（20～21頁）。

一方、医学の立場では、〈近親相姦（インセスト）の回避〉の必要性は、病気の素質が濃厚になるのを避けるためだと古くから言われています。たとえばある特定の病気になりやすい素質をもった近親者同士が結婚をすると、もっとその病気になりやすい子どもが産まれるということです。実際に、膨大な例を挙げることもできるでしょう。

以上のことから、家系図上の「世代間境界」は、進化学上、人間以前の種にもすでに見られる。〈近親相姦（インセスト）の回避〉と密接に関連した、単なる文化による産物ともいえない、人類以前からの天意だと、ボクは考えるのです。

4　家族関係をモノのレベルで一括して単純に捉えると対応法が見付かる

以上のように、お金の流れや生物学の掟を通して家族をあらためて眺めると、家族に、家族自体のチカラで現状をどう打開させたらよいかが見えてきます。

このお父さんに会った、一回目の面接でボクが行なったのは、お父さんに次のような課題を出すことでした。まず「家族会議を開きなさい」という提案です。これは全員が出席します。全員で開かないとこの子は来ないのです。お兄さんには腕力で勝てないので、お兄さんが出ろと言えば、出ざるを得ません。課題では、さらに、今まで、弟の目の前でお兄さんを責めるようなことを何も言ったことがないお父さんに、お兄さんを咎める内容を伝えてもらうようにしました。複雑怪奇な「こころ」の問題としてではなく、無味乾燥な「モノ」の問題としてです。経済の構造を利用したのです。

みなさんも、身に覚えはありませんか。「うちに帰って来なかったら、仕送りを止めるぞ」という、どこかの家族の話。そういう例を考えてもらえばよろしいかと思います。ここでの目標として、弟の態度をよくするとか、非行を直すという「こころ」構えの提示は駄目です。「モノ」の問題にすり替えるわけですから。

弟が学校に一回呼び出されるごとに、お兄さんの小遣いから千円引きましょう、ということにしたのです。このお兄さんは、塾へ行く都合で月に4千円から5千円くらいもらっている。3回も4回も呼び出されたら、お小遣いがなくなってしまうわけですね。お父さんには、お兄さんが勉強して成績を上げても、いろいろ人間関係で悩むかもしれないから、家庭のことを捨てて何かに熱心になるということだけでは人間形成上望ましくない、というありきたりな説得もしました。お父さんは、家に帰ってボクの指示通りしてくれました。お兄さんもどこかで弟やお父さんのことが気になっていたんでしょうけれども、どう変わったかというと、弟の一挙手一投足を監視するようになりました。それから不思議なことに、というか当たり前のことかもしれませんが、弟がお父さんを殴ることがなくなったんです。もちろん、学校へ呼ばれることも消えていました。

ここで何が起こったのかというのを、「経済」というモノではなく、「世代間境界」という、家族にとってのもうひとつのモノで捉え直してみましょう。今までこの家族の構造は、お兄さんと弟とのあいだは疎遠で、お母さんも子どもたちとはほとんど交流がなくて、お父さんが次男と密に接していた。次男が問題行動を起こすようになって、お父さんの注意を引き付けて、次男はお父さんを殴るという、父・次男の濃厚なコミュニケーションが存在したわけです。

「コミュニケーション」というのは日本語だと言葉の交換を有効に行なうことという、原義の一部しか指しませんが、実際には背中を向けて無視することもひとつのコミュニケーションですし、相手を殴ることもコミュニケーションなわけで、それで「濃厚」とも表現できるわけです。お父さんとお母さんのもとから在った信頼関係が崩れたのは、世代間内部よりも、世代間を越えた関係――父親と次男――のほうが、強くなってしまったことにもよります。

これに対して、家族それぞれがどう振る舞おうが、生物学・遺伝学レベルの「モノ」として世代の境というものは壊れることはありません。お父さんがお母さんにお金を渡して、お母さんがそれを子どもに分配するという経済機構が維持できていたので、ただその構造に沿ったわけです。ここではお父さんが一番頂点に立って、世代間の境界が明瞭です。

それに対して家庭内暴力によって生じた家族の構造は、次男がお父さんを支配し、両者は密着し合い、同世代間が離反し、世代間の境界は曖昧になっていました。そこでお父さんからのお金――一家の経済――に注目して、もとの「モノ」――世代間境界――に沿ったスタイルに戻したわけです。長男と次男のあいだに利害関係が生じてくるわけですから、長男と次男とのパイプは非常に強くなります。今までは関わり合っていなかった両者。これからは、次男が問題行動を起こすたびに長男の小遣いが減るのです。お金に支配されるという素朴な構造が顕在化し、世代間境界は本来に戻る。お父さんは一家の長でみんなを養っているという意識がお母さんのなかに出てくると、ここでやっぱりお父さんだね、と評価も上がるのです。そうなれば、お父さんは、長男という、これまでは単なる秀才でしかなかった新たな暴力装置を家庭に抱え、それを金銭でコントロールしている長になれるわけです。

その結果、世代間境界が出来、生物学上、一番安定した状態になる。お兄さんの小遣いから千円を引くというだけで、安定した世代間境界を有する家族の構造へと修復されたわけです。

5　モノを捉える仮想数式――嫁姑の争いも構造上の齟齬《そご》

同じことの別の見方ということで、家族の相互作用を単純化するために、数式という「モノ」を使うことについて述べます。第二章以降は、治療の技法としてさまざまな「モノ」――描画や食卓や体重や家系図など――を援用して家族と一緒に治療を進めていく、いわば各論に入りますから、そこでも登場する数式について触れるのは、この章の末尾しかありません。

お父さん、お母さん、男の子がいるA家を例にとります。この一家は、四国の田舎に住んでいます。昔から続いた、伝統ある家です。ひとり息子は東京の大学に入り、余儀なく転居します。この家を数式で表現すると、もとは1＋1＋1で3になります。こういう人数だけの表面の算術とは別に、A家をひとつの単位として見ると、全体も1であるということができます。個人としての人間を1ということと、家族をひとつの単位として1とすることとは、同じ1ということでも全然別の意味つまり違うパラダイムにそれぞれが属することになるのです。ですから、頭数でいえばA家は1＋1＋1＝3ですが、それぞれの個人（家族成員）である1同士が相互作用を起こしますから、その相互作用をαで表現しますと、A家という1（以下𝟙と表記）＝1＋1＋1＋αです。

その後、この男子は大学で同級生の女子学生と懇意になります。この女性はB家に属しています。このヒトもひとりっ子で、東京は港区の住宅街に在るB家では、お父さんとお母さんとこの娘さんが同居しています。家の二代前は新潟の田舎に暮らしていましたが、跡取りではない娘さんの父親が、新家もしくは分家という形で東京に出てきて、この娘さんからは生粋の東京育ち。そういう意味では親子ともども（四国のA家と比べ）伝統への拘泥や家意識が希薄です。

若いふたりは、互いの両親に、卒業したら結婚したいと宣言しました。A家はどう対応したかというと、古い田舎の家ですから、「地元のヒトとの見合い結婚ならよいがそうでないような結婚は認めない」と。「家業を継いで地元の、格が釣り合う家の娘さんと結婚したほうが、後々うまくいくだろう」という介入をしてきました。

この干渉に、男の子（A男とします）は初めて親に反発。恋は盲目です。「それなら、卒業しても家には帰らない」と自己主張します。そこで慌てた親は「それなら結婚させるから、卒業後はその娘（B子とします）を連れて必ず四国に帰ってくるんだぞ」と半ば妥協します。

B家のほうはどうでしょう。ひとり娘だから、結婚後はA男が東京へ住んでくれてもいいくらいに思っていました。B子さん個人は、東京の生活に飽きて、田舎の生活もいいのではないかと、入籍を済ませ、ふたりで四国へ帰る道を選びます。

皆さんの身近でも、どこでも、よくある話ですよね。

ここで、家族全体という意味の𝟙と、家族成員それぞれの1とが質の上でどう違うかを説明する意味で、お父さん、お母さん、男の子の家族についてもう一度考えますと、この家族は3ではない。3に何かを足さないと、𝟙にはならない。「何か」というのは、お父さんとお母さんが、それから、子どもと両親それぞれとがどういう相互作用をしてきたか。こういうことを全部盛り込む必要があるのです。20年ほど一緒に暮らしてきたことによって、お互いの関係のなかで一定のパターンができている。その「何か」には先祖の家風とか地域の文化とか、前の代から受け継いだものの影響なども含まれているわけです。この家へ一歩入ったとたん、あるいはこの家のヒトたちと食事をしたときに感じる一定のパターン、すべてが入った相互作用を、ここでαといたしましょう。

このように、家族全体を見たり、夫婦を単位で捉える考え方は、個人それぞれの1を無視して、全体の𝟙

を見ているのです。夫婦であればふたりの個人を見ないで、全体の$\mathbb{1}$を見る。この$\mathbb{1}$は$2+\alpha$です。このように、単位として夫婦や家族を見るアプローチの場合には、最も注目するものはこのαです。αは夫婦の力関係でもあり、ふたりきりで子どもがいなければ、家の雰囲気でもあるわけです。そう考えるとA家というのは$1+1+1=3$ではなくて、$3+\alpha$です。このαはこの子どもが東京へ出ていっても残存しています。お父さんやお母さんの生活もαに支配されていますが、東京でひとりでいるA男もαと無関係ではありません。

一方、B家はどうかというと、$1+1+1=3+\beta$です。それではA家の人間とB家の子どもたちが結婚するとどうでしょう。田舎の家に住むことになりましたが、新たにB子を迎えたA家を数式で表現してみてください。$1+1+1+1+\alpha$なのですか。違いますね。$1+1+1+1+\alpha+\beta$になるのです。

東京育ちの女の子が田舎へ来たことで、お父さん、お母さんも最初は遠慮している。これは実際にあった話ですけれども、その女の子は、四国に来た日にA家でさっさと風呂を沸かして入ってしまっている。ボクからみても「古いなあ」と思うんですけれども、四国の郡部では、いまだに家長から風呂に入っておんな子どもはあとに入る家があるのです。下駄箱なんかも上段はお父さん、そこから順に女性や子どもと下の段に向かう習慣さえ残っています。それなのに、嫁が一番風呂に入ったことで、お母さんは驚いて親戚に電話したりしています。

その後、B子のところに、東京から女友達が遊びにきたとき、嫁が街の方に行って、随分遅くに帰宅することがありました。当然、門限も不文律ですが存在していて、婿を待たせておいて夜遅く戻る嫁の大胆さに、父親母親は驚いたのです。こういうことが重なります。結局ここで何が起きていたかというと、東京でずっと自由に暮らしてきたβと、伝統を重んじた家風であるαとのあいだで角逐が生じているのです。

もし、ここで嫁の持って来たβが強くて、たとえば舅をβの味方に入れると、この家の$\alpha+\beta$はβに変わってしまいます。そうではなくて姑が強いとαがβを駆逐するのです。その挙げ句、嫁は離婚を申し出て、東京の実家に戻ってしまいます。

嫁姑という問題はこのように、αとβという、新しい文化を作るときに出てくる変化に対する各立場の反応という形を想定することで、仮想数式という「モノ」のレベルで捉えることもできるのです。

第二章
絵に現れた「家族」――「モノ」としての家族画

1　ポローの症例ジョゼ

ボクの家族との臨床は、家族画から始まりました。この章では、家族画という技法を援用して「モノ」としての家族をどう捉えるかについて話します。

まず図2-1をご覧ください。フランスのポローという児童精神科医の論文に登場する絵に和訳を挿入したものです。10代前半のジョゼという女の子が描いた実際の家族画です。この論文（Porot, 1952）は、フランスのナントという都市の医師会雑誌に、啓発を目的とし掲載されました。

面接のとき、子どもがなかなかしゃべってくれないことは往々にしてあります。そんなときに、絵を描いてもらうと家族のことがよく分かるというのです。

描き手（本人）の人物像は、左上方でピアノの前に座っています。人物の周囲は断線で境がある。右には妹ふたりとお父さん、お母さん。下部には姉と姉の子、もうひとりの姉。こういう絵です。

ポローは、特に児童心理学とか児童精神医学とかの知識がなくて、且つジョゼがどういう女の子なのかも家庭の環境についても全然知らない第三者に見せて、この絵を読んでもらいました。どういう印象が得られたのでしょう。

ジョゼはお父さんお母さんと妹たちとの家族と一緒に暮らしているけれども、妹ふたりやお父さんお母さ

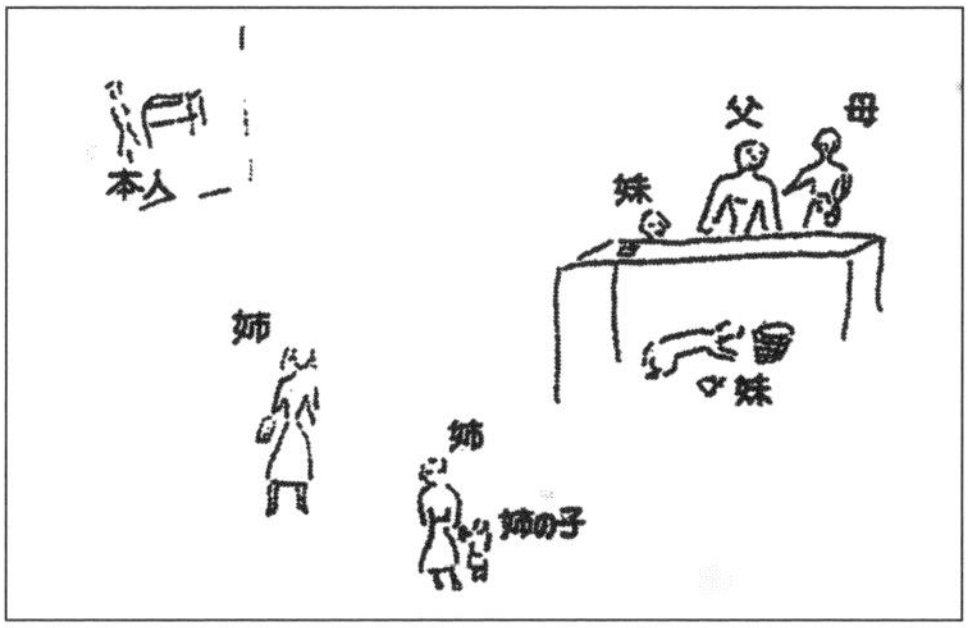

図2-1

んとは気持ちが離れている、だから危険な兆候の絵である、そしてお姉さんふたりは家を出ていてひとりは子どもがあって遠くに暮らしている、と第三者は読んだのです。

「モノ」として表わされた描画から、そこに表出されていると想定される情報を、冷静に、素朴な気持ちで眺めてみましょう。一見して、この家族が、いくつかのグループに分散していることが分かります。ジョゼの年齢からすれば、下宿していたり寄宿舎に入っていたりすることはあまり考えられず、両親たちと同居なのだろうという処から第三者も連想を進めたと考えられます。人間の認知は人物像間の距離を何センチという物理上の距離ではなくて、心理上の距離と読むのです。ここから、両親グループとジョゼは、一緒に暮らしていながら気持ちが離れていると捉えたのです。

それでは、このジョゼの家庭は実際どういう家庭だったのか。昨今、日本でも増加しているステップ・ファミリー（131頁脚注参照）です。今のお母さんは継母。死別か離婚かは明らかにされていませんが、ジョゼの実母が居なくなってからお父さんは再婚。妹ふたりは異母姉妹ということになります。そしてジョゼのお姉さんたちは自分と同じ母親の子どもです。お父さんはいま若いお母さんと家庭を持っていて、そのなかにジョゼも入ってはいますが、何か、妹である幼女や赤ん坊とは距離を取っているようです。

ジョゼは心身症で児童精神科に通い始めたのですが、この絵は家族の状況を言葉なしで如実に物語っているということで、ポローはこれを「第三者も言い当てた」と提示したわけです。

2 ポローの定式から

ポローは1950年代にいくつか論文を書いていて、家族という題で描かれた絵をどう読むかを定式化しました。そのうえに今日に至る研究の流れが形づくられています。家族画を読むポイントは、以下のようです。

・**位置** 家族を描くとなると通常は、お父さん、お母さん、子どもを描くことになり、何人か人物が出てきますが、ある人物の位置が上にあるほど、また左にあるほど、描き手にとって重要な人物だとされています。これは常識心理学に基づく見解です。字を綴るとき、西洋では上から下へ、左から右へと書きますね。だから左に描くほど重要だという誰もが納得しやすい共通見解です。

・**描く順序** 早く描いたものほど重要だということになっています。これも常識心理学に則ったものです。お父さんから描いたとしたら描き手にとってお父さんが重要なのです。お父さんを一番左に描いて、一番早く描いたら両方その重要な要件を満たしていますから、すごくお父さんのことを気にかけたり大事にしたりしていることになるのですが、お父さんを一番右に描いていて、且つ最初に描いた場合は、お父さんに対する描き手の評価は後述のように、アンビバレントだと読みます。相反する二つの異なった感情をもっていると解釈します。描く際、悪い位置と良い順序が混在ということです。

・**大きさ** これは、児童心理学での描画を扱う研究から結論づけられていることです。子どもの絵では、自分が重要だと思っているものを大きく描くのだと。

・**省略** 今度はこれまでの格を上げる話とは違って、たとえばお兄さんとかお姉さんが画面に居ないという形で省略されることを示します。格を下げることになるわけです。精神分析の「無意識による抹殺」という思考パターンに繋がります。

・**筆圧**　筆圧の絶対値はすでに描かれたものについては計ることはできないので、ある人物像の線の濃淡や紙の凹み具合を他の人物像と比較することで推測します。濃く強く描かれた人物ほど重要だ、ということになります。

・**細部・装飾**　ある人物が詳しく描いてある場合が細部、また妹の像ではそこまで描いていないのに自分の像では服はレースまで、靴下は刺繡まで付けたり、人物名に枠付けされたりしているのが装飾。何れも格上げです。

・**不完全**　ある人物像に、手とか足とか口とかがないとか、靴を履かせないようにする場合で、省略のように特定の人物像全体を画面に登場させないのではなく、登場させたうえでの格下げです。

・**色彩**　色の数がたくさん使ってあるほど、描き手にとって重要な人物です。

・**両価感情（アンビバレンス）**　格下げした位置に描きながら装飾を施すなど。

・**グループとか分散の具合**　たとえば5人家族が3人と2人に分かれているとか、まとまりの塩梅を読むということです。

・**動物・シンボル**　犬が人間のシンボルとして用いられた場合は、そこに複雑な思いがあると解釈します。いつも動物でしか家族を描かないとそこに描き手の防衛や抵抗を読み取り、描かれた動物家族と描き手の実在家族の数が合っているかいないか確かめることが必要です。

・**表情**　大人なのに赤ん坊のような顔を描いていたりするのは格下げですが、実際には技術上の問題もあるので単純には分かりません。

3　さまざまな家族画から——症例をもとに

ポローの方式、すなわち、このような家族画の読み方は、慣習みたいなものですね。常識心理学と精神分

図2-2

析理論とに準拠しており、科学とは言えません。例数を集めて統計を取っても実証できない可能性があります。それでも現場では役立たせることができるのです。ボクが経験したいくつかの例を紹介しましょう。

◉パパっ娘の反抗

図2-2は、中学生の絵ですが、たまたまその頃ボクは「描画診断」に凝っていたので、子どもが家族と来るとすぐに絵を描いてもらい、それをもとに会話しながら貴重な家族の情報を探索していました。そうしたらこういう絵が得られました。

お父さんとお母さんに連れられて来ています。さあ、いかがでしょう。病歴聴取で得られた家族成員の数と「『家族』という題で絵を描いてください」という教示で得られた家族画でのそれは一致します。先述の「ポイント」を念頭に読んでください。

画面の一番左がこれを描いた女の子です。格上げの位置です。お母さんはというと、右横、すなわち格下げされています。さらにお母さんとお父さんとを比べてください。遠近法のように見えれば話は別ですが、おそらく多くの観察者はお父さんの方が小さく描いてあるのではないか、と見ると思います。確かめると、お父さんは実際には長身で痩せ形。お母さんはやや太目で、お父さんより背は低い。ここでまず「おやっ」と思ったわけです。

家族がこの子を連れて来たのには二つ理由があります。登校しようとしない状態が半年ぐらい続いていたこと。もう一つは家族にとっては非常に深刻な問題。お父さんに対して娘が口をきかないことでした。お父さんはもともとひとり娘をものすごく可愛がっていました。ところが登校しないので、親の思うような子ではなくなったわけです。お父さんは地域でPTAの役員をしたり、町内会でも活躍したりしている関係から、世間体も悪いし、将来が不安に思えてしまうようになったのです。そしてこの子に対してイライラして叱るようになりました。ある日、この子が口応えをしたので、お父さんは殴ったのです。それから娘は口をきかなくなってしまった。そういう経緯が面接をするなかで分かってきました。

絵に話を戻しましょう。お父さんとお母さんの大きさが実際と違うわけですね。お父さんのほうが小さい。ところが、お父さんはお母さんよりも良い位置に置かれ、また、実物を見てすぐ分かったのですが、この絵で一番筆圧が強い描き方をされているのはお父さんです。ですから、そういう点ではお父さんは非常に重視されている。

ところが、先ほどの、お父さんを小さく描くのは格下げしているわけですから、定式通りいくと、お父さんに対してアンビバレントな気持ちを抱いていることになります。つまり、お父さんを慕っている反面、憎んでいる。そういうことがここに反映されているのです。

ところで、この描画を見て他にも何か気が付かれたことはありませんか。確かめて見ると、お父さんの利き手は右手でした。それがヒントです。

右手がうしろに回っていることに気付かれたでしょうか。家族関係についての、ある事実を知ってから絵を見ると、その事実が絵に現れている気持ちが強まることもまた確かです。読み過ぎかもしれませんが、登校しないことで自分を殴った右手への想いと取れるのです。

こういうふうにして物語をポローの定式から導いていくわけです。そういう作業をしているとだんだん「読める」ことに夢中になるものです。もっとも読めても臨床に活かさねば意味はありませんが。

図2-3

◉タイムワープ

さらに家族画を提示します。絵に込められた意味を読んでいただく練習です。図2−3は、高校生男子が描いたもの。家庭は、お父さんとお母さんと男の子ふたりです。この高校生には弟がいます。中学3年生で、今、お兄さんと同じ高校を目指して一生懸命勉強している。お兄さんは名門高校に入ったのですが、皆が良くできるので脱落し、そのうち登校しなくなってしまいます。完全癖が強く、長男で大事にされた子なのでたくましくやっていけない、と母親は説明しています。自分は家でぶらぶらしているのですが、学校や塾に行ったりする弟のことを、最近は突然、羽交い締めにしたり、疲れて寝ていると蹴ったりするのです。以前はなかったことでした。それでお母さんが連れてきたのです。弟に対するからかいというか、干渉、そういうことで家中が困っています。

ボクと外来で一対一で話しておりますと、はきはきしていて、陰湿な若者には見えません。「『家族』という題で絵を描いてください」と要請しました。

いかがでしょう。実際の家族の数と違いますね。他所の家族を描いたのでしょうか。これは、ポロ－のいう、特定の家族成員の省略に当たります。

省略と思わなかった方もおられるでしょう。複雑な省略だからです。

よく見てください。お父さんに肩車されているのは誰でしょう。高校生は、自分だと答えました。それなら、どういう省略でしょう。

今この時点の家族を描いたのではなく、まだ弟が産まれていない時代を選んで描いたのです。年子ですから、一歳差ということになるのですが、一歳にしてはかなり大きく描いてあります。お父さんとお母さんは手をつないでいます。学校に行けないということで、社会からの引きこもりがあり、子ども返り（退行）していてこう描いたと受け取ることもできますが、先ほどのポローの定式を使うと、弟を省略しているわけです。ということは弟に対する敵意や攻撃心を、非常に洗練された形で表わしている。面接での礼儀正しさも、この「洗練」によると、ボクは納得できたのでした。

◉「あの家唯一のまとも」

図2-4は、精神鑑定を行なった例。鑑定された子ども自身による作品です。施設に入っていますから学年は通常とはズレていますが、中学2年生に相当します。家には3人の男の子がいます。絵でいうと、一番左は本人で、次は弟である次男、三男です。

精神鑑定の対象となったこの長男には、放火の累犯がみられました。無人の小屋とか、田んぼのなかの神社とか畑仕事用のトイレとか、そういう所に火をつけたのです。現場を撮った写真のなかにいつもこの子が見学者として写り込んでいたので、犯人と判明したのでした。この子の場合、知的に高くはないが、精神遅滞ではなく、境界知能の範囲です。IQが70から80のあいだです。多動や衝動性がみられ、鑑定での診断名はICD（国際疾病分類）でいう、多動性素行障害としました。

家は非常に悲惨なといいますか、家族としてまとまって暮らしているけれども、お父さんは雨が降ると会社に行かないし、お母さんはお金があると全部使ってしまう。生活には困っていたのです。お母さんは毎日

図2-4

買い物に行きますが、あちこちで借金しているので、遠くの店でないとなかなか売ってもらえない。そういう生活でした。お父さんは動作がのろく、お母さんのほうは短絡しがち。子どもに対しては猫可愛がりするかと思うと、食事もやらないことがある、両極端な態度が見られました。

この子の家族画で注目していただきたい点はどこだと思いますか。

この家庭は「あの家はむちゃくちゃだ」と近所から揶揄されていました。ところがひとりだけ優れた子がいたのです。それは次男です。スポーツが良くできてリトルリーグの選手をやっていました。お父さんからの自嘲を込めた話では、「あの家で一番まともだ」とどこでも評判だったそうです。長男の情緒上の乱れも、この弟の影響がかなりあると思われました。この子は、知能上は先に述べたように十分ではないのですが、向上心というか、上昇志向とも呼べる欲があって一生懸命勉強しようと思っている、目立とうと頑張っていました。それでも成績は伸びない。スポーツに励み、皆に注目されようと考えているのですがそれもうまくいかない。そのうち弟のほうがリトルリーグの選手になって地域で一目置かれ始めます。

精神鑑定を行なうなかでもっとも注目されたのは、お母さんとお父さんが夫婦喧嘩をしたあと、この子が火をつけていることでした。そのあたり、つまり家族病理についてどのような検査を進めていくかということで、入院させて行動を観察するということになったのです。家族ぐるみの行動パターン（先述したα）の解明も行なっています。ただし、ここではまだ、個人の家族

図2-5

画についての話ですから、その詳細は述べません。

家族画からどのようなことが分かるのでしょう。家族全員に会い、分かったのですが、弟の方が実際には背は低いのに、背が高く、また濃い筆圧で描かれています。弟は一番左ではないけれども、格上げの要素を二つ持たされているのです。そういうことを見ていただきたいのです。憧憬と嫉妬。弟コンプレックスが具現化した家族画といえますね。

◉期待しないよう後ろ向き

図2-5は若い女性、20代中盤、慢性のうつ病の患者さんの家族画です。家族は5人。ところが絵は4人です。「家族」という題で描いたのに本人が省略されています。本人に聞くと、皆がわたしに期待を持たないように後ろ向きにしてある、と。つまり、他の家族メンバー4人がこちらを向いていないのです。

ポローにはありませんが、人物画テストの定式では「後ろ向き」は拒否のシンボルと解釈します。そのあとの会話から分かったことは、実際にはこの本人の気持ちが家族から離れているわけではないのに、特定の家族から辛い目にあっているという事実でした。

10代の頃からずっと、入院と退院を繰り返し、仕事に就くこともなく、本人には一家のなかで邪魔者扱いされているという思いはあったのですが、この家族画をきっかけにして話を訊くと、実はお姉さんが本人に非常に厳しくあたる。痛みを伴う嫌がらせをするということがだんだん分かってきました。本人がだるくて横になっているときに熱いお湯を掛けたことさえありました。うつ病の方には他人に対して気持ちを思いやって家族の悪口とか公言しないで抑え込んでしまう対他配慮が結構みられますが、このヒトもそうだったのです。家族画を描いてもらったことがきっかけとなって、表に出そうとしなかった対家族感情を話してもらい、そのあとの家族調整に役立てることができました。

◉願望が語る現実

家族画を読むためには、絵そのものを感性や知識で検討する訳ですが、描画過程の観察、描画後のインタビューも必要です。個人の家族画には、ＤＡＦ（Draw-A-Family：「家族」という題で絵を描きなさい）とＦＤＴ（Family-Drawing-Test：あなたの家族を描きなさい）という指示で施行される二つの形がありますが、後者では、十分時間を与え、描画中もしくは描き終わった後に子どもが自分から各人物を同定しない場合、そのことについて訊ねます。しかし前者の場合は、架空の家族が得られることもあるので、絵のなかの各人物の性、年齢、役割を説明させ、さらにどの人物が好きか嫌いかを問い、「君がこの家の人なら君はどの人かな」と同一化している者を探す、といったややこみいった段取りも必要です。

子どもが相手の場合、前者でも後者でも、ほとんどが自分の家族を描きます。そのため、前者の方が好みなボクは、大概は前者を使います。

図2-6は、中学2年生の女の子が描いた家族画です。「『家族』という題で絵を描きなさい」という指示で得られました。どういう印象を受けられますか。あまり仲が良くなさそうとか、険悪な感じがする、といったところでしょうか。熱血とか悲惨という答えもあるのかもしれません。

描画後、インタビューをしました。実は、この子は「理想の家族」を描いているのです。家族にはそれぞ

図2-6

れ、いろいろな事情があって、この子は産まれてこの方、お母さんとふたり暮らしでした。どう説明したかというと、「こんな騒々しい家に生まれたかった」と。その言葉を念頭に置いたうえで、この家族画をあらためてご覧ください。包丁を持つ場面は、音符のようなおたまじゃくしもある、何となく明るくも見えてきます。また、〝なあんだ作り事か〟とか〝ふざけたことをして〟という印象にもなるわけです。お母さんとふたりっきりで暮らしているのに、真っ赤な嘘を描いたのだ、と。しかし説明の、「こういう騒々しい家に憧れていた」という裏には、この明るい家族画のネガとしての、この子の現実が浮かび上がってきます。これも、本人の説明がなければほとんど分からない。だから（かつて描画を臨床に利用していた、特にユング派の方法とは真逆ですが）絵だけからの判断ではいけない、必ず説明を訊いてみる必要があるとボクは考えます。

◉前提があって見えてしまうこと

臨床の場で、治療に還元できるのであれば家族画を読むことは有用ですが、解釈だけがひとり歩き、極端な言い方をすれば暴走してしまう危険性もあります。家族についてのある事実をこちらが知ったうえで、家族画を見ていますとどういうことになるのか。星座の位置や星座の図形を知っていて、混沌とした星の群れ、そのカオスのなかに星座が見えてくるのと同じことが起きます。何か前提があって、それを通して見ると前提に沿った形に見えてしま

図2-7

うということはよく起こりうるのです。ですから、家族の歴史を知ってから家族画を見ると、その歴史の一部分が絵に表われているという錯覚を持ってしまうのかもしれません。治療の場でこういう筋書きを話題として使えれば有意義なのですが、実際には流暢に読めないことも多いですし、本当にそうだと確信していいものかどうかという問題も出てきます。ですから大発見だと驚いたり喜んだりしないで、これからの治療にどう活かせるかという素朴で謙虚な気持ちで読むことが重要でしょう。

もともと、家族画には、裏読みを誘うようなところがあります。生活史の舞台がよく描かれているからなのでしょう。**図2-7**の絵を描いたのは女子中学生です。左がお母さんで真ん中が妹で、右が本人、ということでした。お母さんが男性っぽいという印象を持つ方は多いでしょう。悲惨な家庭です。お父さんがアルコール依存症で、お母さんは離婚しました。その結婚での娘がこの中学生です。そのあとお母さんはある男性と同棲をし始める。籍は入っていませんが、お母さんは妊娠します。その結果、ここに描かれている小さな妹が誕生します。

ところが、出産を控えた母親が病院に行っているあいだに、小学校6年生だったこの子は義父にレイプされてしまうのです。そして、この子も妊娠してしまう。修学旅行の時期に子どもを堕胎するのですが、この惨事の後もこの子はその義父に関係を迫られていましたし、お母さんは半ば見て見ぬふりをしていました。

当然のことですが、この子にとって義父との性交渉は当初から嫌だったわけで、お母さんに訴えます。家族3人の関係はおかしくなり、お母さんもとうとうその男と別れたわけです。そしてこの妹が生まれ、大きくなった。家族画を細かく見ると分かるのですが、妹の眼はほとんど点のように描いてあります。実はこの妹はもう5歳くらいになるのです。こんな状態でミルクを飲んでいるのは不自然ですよね。

この妹が2歳ぐらいのときに、第二の事件が起きます。家族3人でいるときに、この小さい妹は箸を持って遊んでいました。中学生は「ああ、危ないな」と思って次の瞬間見ると、妹は転び、運悪く、目の柔らかいところから箸がぐにゅっと入ってしまい、脳に至ってしまう。それからこの子の発育が止まります。障害を抱えた状態で、この子は成長するのです。

さて、この絵は事件のときの家族でなく、あくまで日常の場面を描いたものです。ところが、第二の事件のことを知ったうえでこの家族画を見ると皆さんも驚いてしまうのではないでしょうか。お母さんが手に持っているのは何でしょう。箸です。箸以外には見えません。ボクも非常にびっくりしました。

この子が受診したのは、過換気症候群が、特に学校で頻発したからです。ヒステリー機制に分類されることもある症状ですけれど、息をどんどん吐いたり吸ったりすると、頭の中で血液中の炭酸ガスが減って、呼吸が抑制され、意識がもうろうとし、倒れたりするという状態です。

これから家族を中心としたいろいろなアプローチをしなければならない段階で、最初に描いた家族画がこれなのです。そのときボクは、第一の事件も第二の事件も全然知らなくて、仔細を聴き取った病歴をあとから見てこの家族画を検討したのです。すると、お母さんの手に箸があった。

極端な例ですね。なぜこれをお見せしたかというと、先に述べたように、こういう絵の読み方は、精神分析を職業とする方なら無意識が現れると仰るわけですが、すでに情報として得たことが全部前景として頭に入っていて、絵をみると、人間には辻褄の合った物語をつくって安堵するようなところが往々にしてありますから読めてしまうのです。本当に無意識が表われるのかということになると非常に疑問があります。

次は**図2-8**（口絵参照）。これを描いたのは、20歳を少し過ぎた男性。大学生です。今度は、「家族画に表われた殺人行為」ということになりますが、解釈の暴走、ドラマチックではあるが臨床上は意味のない深読み、について反面教師の意義もあるので例として挙げておきます。

この家では悲惨なことがありました。お父さんが会社で一種の汚職事件に巻き込まれたのが事の始まり。犠牲になる形でお父さんは辞職。そのあとうつ状態を来しました。もともと非常に几帳面で真面目なヒトで、どこかで、会社に対する憤りとかもたまっていたんでしょう。将来もない、と思い、経済も逼迫していて、ある日、一家心中を図ったのです。そしてまず、お母さんを殺した。その後、この家は男の子ふたりなのですが、弟のほうにもお父さんが包丁で切りかかって、弟はすんでのところで難を逃れた。弟が近所に通報して、そのあと帰宅したらお父さんとお母さんが死んでいました。

実はこの長男は20歳まで何のメンタルな問題もなく、それを過ぎてから不調を来して、受診することになったのですが、当時は都会の大学に行っていてこの災難からは逃れていました。親戚が面倒を見ているうち、21歳になってうつ状態になり、どうも行動がおかしいということで、病院に連れられてきて、入院になったのです。

図2-8に戻ります。「家族」という題で描くよう促され、4人が抽象表現で描かれています。実際、この家族はもともと4人です。しかし、長男の説明では過去の惨事、その時点で実在した家族ではありません。「これは僕の未来の家族だ」と。そして、「輪のなかへ子どもが入って、夫婦で育てていく」と述べました。

病棟で初めてこの家族画を見たとき、ボクはカルテで惨事のことを知っていましたので、それを前提に絵を読んでしまいます。どう見えてしまったか、読み過ぎたのか。いかがですか。

ご本人は家族画を「理想の家族」だと言っていますけれども、そのなかに過去の（自分の）家族を抱えていると読み替えてしまっていたのです。一番大きい人物を、お父さんと見て、次に大きい人物はお母さんと読むことは、まず、できますね。輪のなかはお兄さんと弟。背の高い方の子どもが本人なのでしょう。ここで、深読みのチャンネルが働きます。心霊写真ではないけれど、事件が露呈してしまっているのです。

どういう展開か、お分かりですか。ヒント。ボクは輪に注目したのです。

「輪のなかへ子どもが入って……」と本人は説明しました。ボクの深読みは、その「輪」が途中で線が途切れていることに、意味を見つけてしまうんですね。彩色はクレヨンですけれども、兄も弟も同じように描かれ、この黒色と橙色の「輪」のなかに両者とも入っているように見えながら、兄の上には「輪」がかぶっていないのです。これをどう過剰解釈したのでしょう。もしお分かりにならなければ、もう一度この患者さんの病歴をお読みください。

惨事に弟は巻き込まれてともかく命は取り留めたとき、兄は大学に通学していて、この地域には居なかったわけですよね。父の腕という凶器が、長男だけ「輪」の外に居たと読めるような塩梅で施されているではありませんか。実にくだらない話かもしれません。面接には還元できません。事実を知っているとそういうふうに絵を読み過ぎることがあるのです。そういう解釈を投与するとしたら、「外傷体験（トラウマ）」だ「ＰＴＳＤ」だと患者さんにお仕着せするようなことになります。

4　自らの気付きを生む

ボクは、昨今の精神医学や臨床心理学で流行していような「外傷体験（トラウマ）」や「ＰＴＳＤ」を面接で持ち出すことにあまり賛同していません。診断というのは一種のモノなのですが、モノ化されているという意識があまりなく、生々しい実態のまま用いられているように見えるからです。

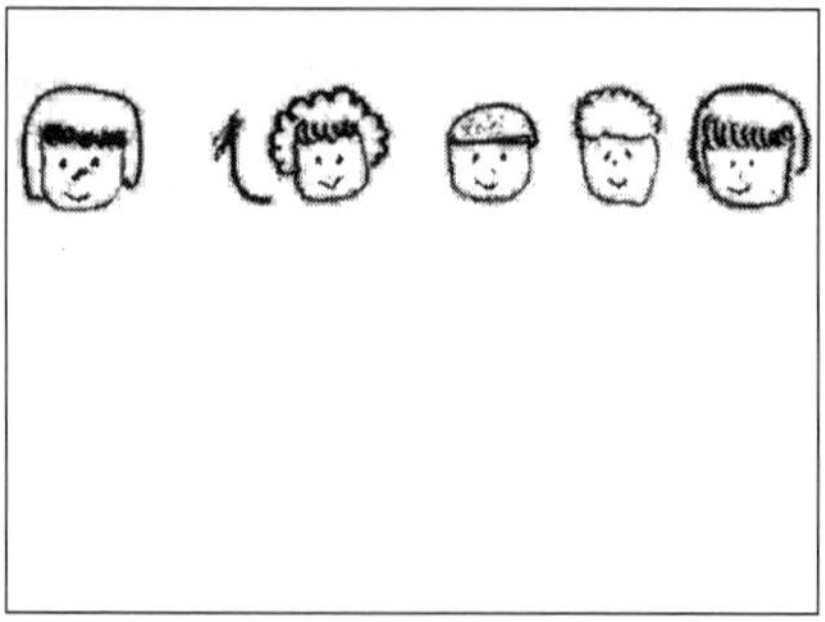

図2-9

もちろんケース・バイ・ケースですが、過去が暴露され修復されることより、患者さんがせっかく「未来の家族だ」と説明して、つまり患者さんなりに惨事を乗り越えようとしていることをむしろ重視し、補強します。こちら側が、その事件のことを知っていて、事件のことが本人の「外傷体験」になっていて、それが絵に出ているんだと無理矢理結び付け、指摘するのは強引だと思います。患者さんや家族が自分で気付きを得たという場合なら話は別で、逆に重要な意味があるでしょう。

描き手は、定式にはめて家族画を読んでいるわけではありません。絵に自分を表出し、それを眺める自分と作品が対話をする。そこで何か気付きを生む。出てきた自分の知らない自分をも自分と認知する。そういう体験は貴重この上もありません。

次は、家族画を課題として与えたことで（こちらが解釈を押し付けないで）患者さんやその家族が自ら「気付き」を得た具体例です。こういう症例との出会いこそ、臨床で家族画を援用する醍醐味といえます。

図2-9はある登校しようとしない女の子の家族画です。おばあさんっ子で、お母さんとはちょっと距離があるようです。自分の主たる養育者であったおばあさんが亡くなってから、一週間くらいして学校に行かなくなりました。その後は、家具を蹴飛ばしたり、親を叩いたりと荒れました。**図2-9**では何かためらいがあって、髪の毛は黒色、顔は橙色と言いながらも、左から二番目のお母さんの顔を描こうとして黒色を用い描き改めています。また、ポ

ローの定式でいうと、自分を一番良い位置、妹を一番悪い位置に描いています。

実はこのお母さんは、同じ自分の子どもでも妹の方とは非常に気が合うのです。お母さんによれば、生前の姑とはすごく仲が悪かったようです。姑は、この長女を初孫だということで非常に可愛がって、母親に渡してくれないくらいだったそうです。この子もおばあちゃんにすごくなついていたし、お母さんも、昼間は仕事に行っていました。

仕事を辞めて家庭に戻った頃に妹が産まれたそうです。だから長女とはどうもしっくりいかない、距離があって子どもも気持ちに添ってくれない、ということだったのです。

ボクはそういう話を聞いていた状態で、黙って子どもが描くのを見ていました。ポローの定式が頭に入っているので、「お母さんを描くのを失敗した」と言ったりすると、こちらは、お母さんを自分からの距離を離そうとした「失敗」ではと「無意識」を読み過ぎてしまいます。後から考えてみると、色を取り違えて修正した、ただそれだけのことかも。

子どもは、位置をつまり、わたし、お母さん、弟、お父さん、妹と説明しました。ボクはといえば、色は、単なる間違いで、妹が母親から離れていたり、妹が一番位置が悪いところに描いてあったりするのは何か意味があるな、と頭に置いて見ていました。ポローからの感化です。

実は、この絵はつけたしで、今回お話ししたいのはそのあとのお母さんの絵、そしてお母さん自身の気付きについてです。説明を聞いた段階で、子どもを診察室から出し、今度はお母さんに代わりました。図2–10を見てください。お母さんは、これが自分の家族だ、と一気に描きました。お父さん、お母さん自身、妹、患者さん、弟です。ここでボクが情報として持っているのは、この子の症状の様子と嫁姑の争いがあるという背景、それだけでした。また、右手を後ろにまわしていたお父さんの絵（図2–2）の場合のように、お父さんとお母さんがその場に居合わせたわけではありません。受診したのはお母さんとこの子だけです。この

図2-10

とき、ボクが考えたことは、他の家族を知りませんから、お母さんが患者さんを制服姿で描いたけれども、この子がいま着ているのは普段着のTシャツ。だからお母さんはさぞかしこの子を学校に行かせたいんだろうなあと連想したくらいです。

そうしたら、驚いたことにこちらが何も言わないのにお母さんがあることに気が付いたのです。

ちなみに、初めて来る子どもの外来は、家族にとっては懺悔の場でもあるのです。今まで何にも考えていなかったのに、いざ子どもに何かメンタルな背景が疑われる症状が出てきたりすると、自分の育て方が悪かったのではないかと親は内省し始めるのです。その時点で、お母さんに描画のような作業をしてもらうと、反省や後悔が続々と語られます。ですから以下のようなことは当然起きるべくして起きたことではあります。

お母さんは何に気が付いたのでしょうか。「あら、妹を大きく描いてしまったわ」と小声で叫んだのです。実はボクにはそれは分からないわけです、妹がここに来ていませんから。ところが実際には妹はまだ小さい。このお姉ちゃんの肩ぐらいまでしか、背がないとのことでした。それをこんなに大きく描いてしまったというのです。つまり、このとき、ポローが挙げたのと同じことを、お母さん自身、知識がないのに気が付いたわけです。ポローの読みは常識心理学と精神分析理論に準拠すると前に書きました。これこそ常識心理学というものですね。

常識心理学をご存知でしょうか。たとえばピラミッドを見てこころが落ち着くということの理由として、ピラミッドからいとも不可思議なパワーが出ているから、というような説明は受け入れるヒトと受け入れないヒトがいるわけですけれども、重心が下にあって裾が広がっている形だと見て落ち着くのだ、という説明は誰もが受け入れられるわけです。大きく描く人物は大事にしている、気に懸けている、という説明も、誰もが無理なく考えるようなことで、説得力があります。

ここから、妹の方を大きく描いてしまったという自分の行動を振り返り、お母さんの新たな懺悔が始まります。嫁姑関係の影響で、妹ばかりわたしは可愛がっていたが、今回の一件でちょっと困惑していると漏らし始めました。ボクはといえば、それを聞きながら、良い展開になって来たぞと喜ぶ一方、改めて家族画を見ていて、この絵のもう一つの特徴に気付きオヤッと思っていました。皆さんも見付けてください。さあ、どの部分でしょう。

答えは、このお父さんです。小さいでしょう。ところがこのお父さんは、いま外来には居られないのです。そこでボクは半ばとぼけて、「お父さんはお母さんより、背が低い方なのですか」と質します。すると、お母さんは気が付いていなかったのですが、このとき実際のお父さんはお母さんよりずっと長身だということがボクにも分かりました。お母さんはこのあと、どう語ったのでしょう。姑にわたしが咎められているとき、夫はまったく助けてくれない。そのくせ、酒を呑んだとき、あとで姑にお前の言い分を伝えておいてやると法螺《ほら》を吹く。姑、自分の母親の前に行くとわたしの悪口を言う。風が吹く方向に応じて、あっちこっち。夫は風見鶏のような男です、と。そう、このお父さんをけなし、だから小さく描いたというところまで話しました。

自分の家族画での次女の大きさについてはおのずから気付いたものの、夫とのそれは指摘されるまで気にかけなかったのは、実に不思議なことですが、前者のように問わず語りで自然に患者さんや家族から漏れ聞くという場合、治療は急速に進捗します。無理のない展開が始まるのです。

5 相互作用を「差」でみる

今のように、自然に患者さんやその家族が自分たち家族について絵を通して気付きを得るという、もっとも望ましい場面に遭遇することは、偶然なのか極めて少ないように思われます。効率としては非常に悪いわけです。待っているしかないのでしょうか。いいえ、こちらはプロです。「誘導」という手があります。だから、ボクたちは、一見混沌として、何も物語っていないように見える作品のなかに自ら「差異」を見出し、その「差異」に対して患者さんや家族に気付いてもらうように働きかけをするのです。なお、人間がある事物間の「差異」を知ることは一般に、「認識」と表現されます。

これまでどう生きてきたかを知るには、昔の日記を読み返してみて今と比較してみる。父親をより深く知るには、他人の家に遊びに行って他人の父親を見て、両者の違いについて思いをめぐらしてみる。そういうことが役に立つでしょう。それには動いて、自分たちの立ち位置を変えねばなりません。同様に、患者さんやその家族にも応用できるはずです。たとえば親と子に同じテーマの絵を描いてもらい、両者を比較させ、互いの（立ち位置での）差異を掴んでもらうようにするのです。それにはどうすればいいのでしょうか。

誘導によっても、自然に近い形でその差異が、患者さんやその家族の前に出てくることがあるわけです。だからそういう状況が起きやすいように、治療者がもっていくのです。すると、先の例でお母さんが突然、自分の家族画を通して気付きを得たようなことが家族間で起きやすくなるわけです。

〈そういう状況が起きやすいように〉する操作を、意図して行ない始めた頃の症例の話をしましょう。**図2-11**の絵を描いたのは10歳の男の子です。喉が詰まるという症状でやってきました。最初は耳鼻科に行って

図2-11

診てもらったのですが、検査をしても何にもない、喉が詰まるのは何かメンタルなものではないかということでボクのところへやってきたのです。

内気な子で、話をしようとしてもほとんど自分からは何も語らない。ボクたちのような職業だと、子どもの話をうまく引き出す手品が使えると思う向きも居られるかもしれませんが、子どもに気持ちを語らせるなど、親ですらできないことで、一般には難しいのです。子ども自身が心理上の葛藤を抱えていても、自分でもよく言語化できていないので、周囲から鼓舞されて吐露するなんてことはまず期待できません。むしろ、十七、八歳の思春期の人たちのほうが、そういう面では言葉にして述べたり、漠然とはしていても自分でそれなりに問題を捉えたりしているものですが、10歳という年齢ですと、身体化されたメンタルな問題があるとしてもなかなか解明できないのです。

この子のことで分かっていたのは、お母さんが教師で、この子が小学校1年生のときには、お母さんも同じ学校に勤めていたことでした。お父さんは学校の先生ではありません。その子と喉が詰まる背景を話しても進まないので、絵を一枚描いてもらいました。家族画ではありません。テーマは自由です。説明を請うと「僕の家だ」と。それで終わりでした。

次にボクは何をすると思いますか。文脈からお分かりですよね。母子関係をいじる。そうその通りです。状況から、そこに問題がありそうでしょう。では、それにはどうするか。そう、「自然に近い形で（母子間の）差異」へと誘導するのです。

図2-12

子どもに廊下で待っていてもらい、母親を呼びます。図2-12を見てください。母子を別々に、つまりひとりずつ面接したのですけれども、今度はお母さんを呼んで、「お宅の家を描いてください」と告げました。こうして「差位」を顕在化させようとするわけです。この段階はその第一歩です。

お母さんは、小さいけれども土地を買って窓の広い家を最近建てた、とおっしゃいました。横に団地があって反対側には山が見える。猫の額くらい狭いけれど、一応庭がある家だ、と説明をされます。では、図2-11と図2-12を並べて見てください。モノとしての「差異」が出ていますでしょう。心理上の差などという、そのような曖昧な「差異」ではありません。モノの差は視覚で識別でき、厳然としてそこに存在するのです。

今度は、お母さんと子どもを呼びます。「こちらは息子さんの描いたお家、こちらはお母さんの描いたお家です、違いを何か言ってください」とふたりに伝えます。お母さんは、実際の屋根は銅板様のスレートでふいている。その点では、息子の描いたほうが正確だ、だが窓はこんなに狭くはない、自分の描いた絵のように広い、と。それから息子の絵にはこんなに大きな煙突があるけれども、実はこの形に当たるものは屋根の陰に隠れている、湯沸かし器の換気筒しかない、と指摘。お母さんの説明が終わったので今度は再び、子どもに、「何か感想を述べてください」と告げます。すると何も言わずに黙っています。そこでまた、お母さんに視線を送ると、お母さんは「こんなに窓が広いのに狭く描いたり、煙突が小さいのにこんなに大きい煙突を描い

図2-13

たり、家で何か息苦しい思いをしているのかしら」と述べたのです。さらに「だけどこの子は、お菓子も何にも欲しがらない。わがままを言わない。歴史が好きで、弟にはお菓子を買ってやるんだけど、そのお金を貯めておいて、この子には歴史の本を買ってやっている。だから特に問題はないし、学校でもちゃんと適応している」と付け加えました。

こういう、神経症とか心身症での不安緊張状態に対しては多くの場合、薬（抗不安薬）を出します。そして、一、二週間様子を見るのです。ところが次の受診のとき、薬は全然効いていませんでした。ボクもあらためて何をしたらいいか分からないので、前回のように母子の「差異」を見ようとします。また一枚、この子に絵を描いてもらうと、ほとんど無言で**図2-13**を仕上げました。

キツネです。「僕の好きな動物」だそうです。どうして好きかと訊くと「強いから」。これを見ると、後ろ足が前に出て、目尻が釣り上がっていて、牙がある。描画テストでいえば攻撃性がみられる絵ということになります。今度は、この子を外へ出して、お母さんに、「あなたの好きな動物を何でもいいから描いてください」と求めました。それが**図2-14**です。

偶然でしょうが、お母さんは、同じ色のクレヨンを持って、これを描いたんです。「ネコだ」と。学校の先生にしては下手ですよね。「ああこんなに弱々しくなっちゃったわ」と説明したので、「どうしてネコが好きな動物なのですか」と問うと、「よく言うことを聞くから」と。

図2-14

次にふたりを部屋に入れて、「こっちは息子さんの好きな動物で、こっちはお母さんの好きな動物です。何か、感想を言ってください」と。そうしたら、「この前の絵は駄目だったけど、今度の絵は小学校1年生にしては、力強く描けている」と、お母さん。今度は子どもに同じ質問を繰り返す。また何にも言いません。そこで、お母さんにもう一回振る。すると「それにしてもこのキツネの目は本当に意地悪そうだ」と。

ところがそのあと、驚くべきことが起きたのです。お母さんの言葉が終わるか終わらないうちに、今まで全然しゃべらなかったこの子が、突然「ボクの好きな動物がお母さんで、お母さんの好きな動物がボクだ」と語り出し始めるのです。「お母さんは弟にはお菓子を買ってあげて優しくしてやっているのに、ボクにはとても厳しい」と堰を切ったように話は続きます。

一区切りついたとき、お母さんは懺悔を始めました。「この子を育てた頃は、初めてクラスで担任を持ったときでした。そこに非行の子どもがいて、その親が非常に躾が甘かった。だからそんなふうにしてはいけないとこの子は非常に厳しく躾けたのです。弟のほうは甘え上手だし、だんだんわたしも仕事にも育児にも慣れてきたので……」と。

賢明で繊細なお子さんです。堰を切ったように葛藤を表現したあとしばらくして、喉の症状は雲散霧消したのです。身体が口に代わってものをいう転換ヒステリーというのはまさにそういうものなのですけれども、まるで教科書をみるようでした。

6 家族で家族を描く（合同家族画）

今の手法では、お母さんと子どもが別々に描いた絵という非言語を突き合わせ、言語での討論に持ち込みました。それでは、一枚の絵のなかでそれができる技法はあるのでしょうか。あります。その一つが「合同家族画」です。合同はconjoint《コンジョイント》の訳です。「結合した」「共同の」という意味です。

問題や症状がある子どもを抱える家族と面接をするとき、通常、治療者は誰が患者さんで誰と誰とが付き添いだという前提で話を進めます。すぐ前の症例では「喉が詰まる」と訴えている子どものことで、お母さんが病院へやって来たわけですが、子どもが患者さんで、お母さんが付き添いです。ふたりに対して面接を行なう際、母子別々に話を聴くというスタイルが「並行面接」です。ふたり一緒に（同じ場で）話を聴くというスタイルは「合同面接」、あるいは「同席面接」と言います。

その場でもし、子どもが母親に遠慮して話せないようなら、あるいは母親が子どもに自分の見立てを知られたくないようなら、あまり話が進まない、正確で詳細な内容が聴取されない可能性があるという考えから、嘗て特に日本の心理療法では、「並行面接」を「合同面接」あるいは「同席面接」に優先する傾向がありました。しかも「並行面接」では、親の治療者と子どもの治療者にそれぞれ別人を当て、ときどき治療者同士が情報交換をし合うというパターンがほとんどでした。

並行面接で親から治療者が得た情報と子どもからもうひとりの治療者が得た情報を加算すれば、「合同面接」あるいは「同席面接」で得られた情報と同じでしょうか。まったく違うと思います。「子どもが母親に話せない、母親が子どもに知らせたくない」は、並行面接を行なう理由でしたが、それ自体が母子関係の現実、すなわち母子間の相互作用を表わす重要な情報です。それぞれに話を聴いてたくさんの情報を集めたとしても、どのひとつも、母子ふたりの相互作用を見せてはくれません。相互作用を捉えようとするなら、ふたりが居る場で話を聞くのがいいのです。そこで子どもが本当のことを親に話せず口ごもっても、親が治療者を前にしたときは示していた饒舌が消えても、それこそがこの親子の実体、相互作用なのです。

心理療法での「並行面接」を当初から回りくどいと感じていたボクは、「合同面接」に容易に入り込めました。複数の人間間の相互作用というものは、個々人の思惑を集めることで把握できないのです。「並行面接」は個人の家族画に相当します。別々の治療者が母親と子どもに絵を描いてもらい、それを説明させている光景を思い浮かべてください。あくまで子どももしくは母親個人が「自分の家族についてどう考えているか」を第三者が読み取る場なのです。家族の相互作用（α）を引き出すためのものではありません。しかし、そこで得られた2枚の家族画を前に母親と子どもとの面接を持てば、一気に合同家族面接になります。喉が詰まる子どもの例がそうでした。さらに、言葉による交流ではなく母親と子どもとが協力し合って一枚の家族画を作る。それが合同家族画の世界です。

家族画という流れでここまで来たので、合同家族画の例を視覚化することで話を進めましょう。「合同面接」ではとりあえず、家族を一堂に集めます。**図2-15**（口絵参照）の場合、参加家族は4人なのですが、「クレヨンの好きな色を一本ずつ選んで、皆で話し合いながら絵を描いてください」と指示します。これは実は、デモンストレーションのための症例で、家族がかなりうまくいっているケースなのです。

皆で話し合い、水先案内を任された家族のひとり（この場合は長女）がまずテーブルを描きます。たとえば人間がそれらしくない色で描かれていることもありうるのですが、誰がどの部分を描いたかを残す一つのマーカーとして色を使っているわけです。この絵のように各家族成員の担当部分がよく分散して、しかも全体がまとまっていて、内容に一つの方向性がある場合、相互作用の健全さが推測されます。

図2-16（口絵参照）は、患者さんである娘と継母と父親との3人で初診時に描いた絵です。この家庭は本

図2-17

章の冒頭で述べたジョゼの例と非常に似ていて、これを描いた娘とその兄が気管支喘息です。慢性の状態で、施設に入っています。実母は夫と喧嘩をして行方不明になるような形で失踪し、お父さんは若い奥さんと再婚しています。前妻のふたりの子どもは施設に入ったままで、家には新しい妻にできた子どもふたりと夫婦が暮らしています。施設に入っているふたりは土日に帰宅します。

家族への治療をいきなり開始したのは、施設ではほとんど喘息の発作がないのに、外泊で家へ帰ってくると起きるということで娘さんを紹介されたからでした。

患者さんが選んだ色は肌色です。その色で、自分と兄とを描いています。お父さんはいまの夫婦を、継母は自分の子どもふたりを表現しました。選ぶクレヨンは、誰が描いたかを明示するための意味しか本来はないのですが、この場合、患者さんが今の家族に遠慮していてこのような目立たない色を選んでいるようにも見えます。自宅への土曜日曜の外泊時の新家族への気の遣いようが髣髴《ほうふつ》とされるのです。

お父さんによると、家のペットが原因ではないかということでした。そもそもメンタルなものがあるのではということでボクのところへ依頼があったのにです。

さて、**図2-17**は、さきほど3で「あの家唯一のまとも」の処で触れた放火少年（**図2-4**）の家族全員による作品。お父さんは雨が降ると会社に行かない、お母さんはあればあるだけお金を使ってしまい、子どもを猫可愛がりするかと思えば食事も与えない、あの一家です。まあまあバランスの取れた少年を描いたのは弟で、黒のクレヨンを取ったのは本人。

お母さんはピンクです。お父さんが皆を誘導しようとすると、お母さんが怒鳴る、そうなると、この放火少年が、青筋を立てて怒り出す。次男は冷静。それまでの面会で親が来ているときはいかにも仲の良い家族という姿を呈していたのですが、一緒に作業をしてもらうと途端に大混乱になりました。そのようなことが分かったのです。つまり、夫婦喧嘩のあとの放火が多い、ということの背景が合同家族画制作での行動観察によって立ちどころに確認できたのです。

7　父親不在ではなくなった生活の悪影響か

こういう次第で、合同家族画を、技法としてだんだん多用するようになりました。

図2‒18（口絵参照）を描いたのは、小児科からの紹介があった10歳の男子とその母親です。先ほどのキツネを描いた男の子と違って快活でした。頭痛と発熱がみられ、当初は感染症への罹患が疑われたのですが、そのあと、熱は引いたものの痛みが治らないのでメンタルな背景はないかということでした。最近での唯一の変化といえば、都会から郡部へ転居したことです。新しい学校でいじめにあったり、担任と相性が合わなかったり、という情報は全くありません。

家庭でも以前との大きな差異はないのですが、ただ都会暮らしのときは、お父さんが通勤に時間がかかるため帰宅が遅く、子どもが寝てしまったあとだったのが、昨今では帰宅が早くなっているということでした。

何でも好いからと勧めても絵を描いてくれません。気乗りがしないのでしょう。仕方がないので、お母さんと一緒に描いてもらおう、と考えました。お母さんを左側に、そして子どもには右側に座ってもらって、

「お母さんはボクを、ボクはお母さんを描いてください」と持ちかけてみました。子どもはクレヨンを選んだものの、依然として絵を描く気配がありません。

お母さんはといえば、最初、子どもがイヌを連れているところを手持ちの空色で描きはじめました。ところが、時間が経って、外来診察中に時間を取って申し訳ないと思ったのか、子どもが描いてくれないので「イヌ」は中断し、子どもだけでなく自分自身の像もここに描いてしまいます。「イヌ」は紐だけ残して終わりました。

ところが、そのあと驚くべきことが起きたのです。いったい、何が始まったのでしょう。

この子が、持っていた群青色のクレヨンで、描きかけのイヌの紐を延長してお母さんに首輪をつけてしまったのです。一瞬のことで、お母さんはびっくりしました。

ここからイヌの話になります。実はこの家では十年間子どもができなかったので、イヌを飼いだしたそうです。イヌを子どものように育てていました。そのうちに、この子を授かりました。そこで、イヌと兄弟のように育てたようです。兄弟ですから競争もしますよね。お母さんがイヌに「お前よくご飯、食べられたね」と言うと、「ボクだって食べたよ」とこの子が憤慨するようなことがよくありました。イヌとお母さんが一緒にソファに座っていると、この子がドーッと走ってきて、ふたりを裂くようにあいだに入ることも。

イヌも頂点に入れた三角関係なのです。こういう話のなかに、たまたま、お父さんのことが出てきました。お父さんは今まで、この子が寝ているうちに出かけて行って、もう寝た頃に帰って来るという生活だったのですが、工場所在地に越してきてからは、8時に出て18時には帰ってくる。そしてお母さんと一緒にソファに座っている。そうすると、もうイヌは居ないのですけれども、嘗てイヌにしたのと同じようにこの子があいだへ割って入ったことがあったそうです。

今度は父母と子どもの三角関係だ、とこちらは悟りまして、いろいろな要素を除外していくと、お父さんが早く帰宅するようになった時期からこの子の症状が続くという因果関係こそ、いちばん辻褄が合うわけです。図2-19（口絵参照）を見てください。茶色の部分は、お母さんに描いてもらったお父さん。通勤する夫の姿です。お父さんを描いて下さいとお母さんに要請したのです。次に、この子にその絵を渡したのです。「好きなように修正してください」と。

そうしたら、黒色を取ったのですが、手塚治虫によるマンガの主人公「ブラック・ジャック」が出てきて、お父さんに「短足の手術」を施し、「点滴」に繋ぐ。この子は小児科病院で、点滴をされたことがあり、それが非常につらかったことが髣髴とされます。絵のなかでは、ブラック・ジャックが胸を切り開いて、顔もフランケンシュタインにしています。

この時点からこの子は絵を描くようになります。毎週、通院してきましたが、どんどん激しい絵が出てくるわけです。図2-20（口絵参照）を見てください。お母さんがこの子を描き、この子はお母さんを橙で描いた。ところがそれだけでは済まなくて、赤を取って、自分の体におちんちんをつけ、導火線で母親をぐるぐる巻きにする。さらにお母さんの股間に向けロケットを打ち上げる。

エスカレートの一途です。図2-21（口絵参照）では、お母さんが凧上げを描いたら、凧を燃やしてしまってお母さんの首を吊る。で、お母さんはと言うと「くらくらしてきた」と語りました。この頃から、いつのまにかその子の頭痛が治まったようでした。

その後も念のため、2週間に1回くらい通ってもらいましたが、だんだん共同作業ができるようになってきました。図2-22を見てみましょう。お母さんはかなりの年配の方で、実際にはミニスカートなど着用しないのですが、この子が描く像ではミニスカートを穿かせられ、それに対して、お母さんは、そのスカートの丈を延ばしています。お母さんはこの絵を草色で描いて、この子はラジコンの自動車とロケットを描いたのですが、以前のような攻撃性は画面に現れていません。もうお母さんの股間にはロケットは飛びません。

図2-22

図2-23

次の図2-23（前頁）になると、だんだんとお互いの描く部分が適度に混ざってきていますね。図式を見るように経過が分かります。治療場面で、言葉のやり取りは何も使わず、したがってお父さんのことも子どもに言語化させないままでしたが、それでも治療が進んでいるように見えました。

8 妻の低い評価が夫の浮気を鼓舞する

次の図2-24（口絵参照）の絵は洋品店を夫と一緒に経営している、なかなかの美人な奥さんの作品です。首が曲がらなくなったということで受診しました。ご本人も、メンタルな問題だと考えていたようですが、最初から精神科というわけではなく、整形外科から紹介されたのです。問題は当初から明らかで夫の浮気です。そして、この奥さん。表面は平然としておられますが、夫に対してどんな行動をしているかというと、夫が店からふっといなくなると、店を閉め、その辺のモーテルを車で廻るそうです。そこで夫の車を発見すると、夫に電話をかける、そういう生活をしていたわけです。

そのうちに、首が動かなくなってしまった。夫婦の調整が必要と思われたので、まず妻に「自己像を描いてください」と求めました。すると、図2-24のように描きました。描画テストの定式では、目鼻のない顔は自己不全感の表われと言われています。そのあと、この絵を夫に渡しました。「理想の妻にしてください」とね。すると、夫は顔を描いて、それから靴に色を塗ったのです。図2-25（口絵参照）です。これを奥さんに見せます。奥さんはどう語ったのでしょう。

「靴や顔まで描いてくれたのは嬉しいけれど、そこまでするのだったら洋服まで描いて、色も塗って欲しかった」と。

夫にもこの過程と同じ事をします。夫が描いた自己像が図2-26（口絵参照）です。実際、外観も雰囲気もこういうヒトです。イケメンではありませんが、いかにも優しそうで、女性に警戒心を抱かせませんから、よくもてるのですね。そして今度は、これを「理想の夫にしてください」と奥さんに渡します。図2-27（口絵参照）を見てください。ものすごくアグレッシブな修正を加えたのです。

足は短いので長いほうがいい。首は太すぎる、と。これで、大体この夫婦の関係がお分かりでしょう。結局どういう事がこのやり取りのなかから推論できたかというと、旦那は奥さんのことを嫌いではないですけれども、奥さんのなかで、非常に旦那の評価が低い。それで、奥さんほど魅力がないとしても、店へ来るお客さんで気さくな女性と旦那は知り合う。自分に優しくしてくれる、自分を尊重してくれるヒトを誘うのです。話を進めると、そういう経緯がほぼ間違いないとだんだん分かってきました。ここでも夫婦の普段の関係が描画のなかに出ていると思います。個人の家族画を合同家族画にしたからです。各個人がそれぞれ描いた絵だけではこうした「相互作用」は明らかにならないでしょう。

このように、「合同家族画」の場合は、個人の深層心理という架空の世界ではなく、集団の相互作用という現実が、まさに当意即妙というか、ポンと出てくるのです。

9　閉じ込められた鳥の意味

「合同」の例が続きます。この図2-28では母子関係がよく分かります。お母さんと、さまざまな心身症状で受診し一見して母子分離の悪さが問題と思われた子どもに、クレヨンをそれぞれ持たせて描いてもらったものです。お母さんが枠（プール）を、ほぼ同時に、子どもは泳ぐ人間を描きました。お母さんはこのときどう言ったと思われますか。

「この子は私から外へ出られない」でした。この言葉は母子に気付きを得てもらうのに役立ち、詳しい話は

図2-28

図2-29

省略しますが、その後の家族調整の出発点となりました。

さて、**図2–29**は統合失調症を発症した娘さんとお母さんとの絵です。最初からそういう関係だったわけではなく、もともと仕事も勉強もそのほかのことも、ある程度てきぱきできていた娘さんが、発病後、慢性に経過したことによって、過敏で危険な状況から脱したものの、徐々に、後遺症のような形で、非常に動作がのろくて要領を得ないような、精神医学でいう陰性症状の状態を残しました。

そうすると、お母さんは今までの健康なときの娘を頭に描いていますから、一緒に何をしていても不満で仕様がない。そういう親子関係あるいは相互作用がこの絵に出ていると思います。イギリスの研究では、そのような保護者の攻撃性や過干渉は患者さんの悪化や再発を招来するので、お母さんの気持ちはよく理解できるのですが、改善して欲しいことの一つでした。

絵に現れた一部始終を説明しましょう。「ふたりで一つの絵を完成させてください」と申し渡したのです。そうしたら、お母さんは橙色を、患者さんは紺色を取りましたが、何を描こうか全然思い浮かびません。そのうちお母さんは痺れを切らして、「鳥を描いたらいいでしょ、鳥を」と声を荒らげる。で、本人が鳥を描く。そうすると、「こんなところに脚はないでしょ」と、お母さんは脚の位置を後ろにするように干渉する。そして、やっと患者さんが鳥を描き終わったと思いきや、お母さんはザーッと線を描いて、鳥を籠に入れてしまいました。一瞬の出来事で、見ていたボクも呆気にとられます。すると、患者さんは申し訳なさそうに籠の入り口をつけます。

絵というより、こういう描画行動のパターンを見ただけで、大体この親子が日頃どんなやり取りをしているかよく分かります。ですから同じように絵を制作させておいて、「もうちょっとお母さんは間を置きなさい」とか、「この子を待ってあげなければもっと良い状態になる機会もなくなりますよ」という言葉での介入もできるわけです。ここには、先に述べたような個人で描いた絵に比べて、集団そのものの動きが捉えられ、家族というものは個人個人の単なる集まりではないということをよく見てとることができると思います。

10　個々の寄せ集めでしかない集団

前の放火少年の合同家族画（図2-17）での家族の集団としてのまとまりのなさは、各人に互いに協調する能力が落ちている統合失調症の患者さんたちがグループで制作した絵と図柄上、通じるものがあります。

図2-30（口絵参照）を見てください。自動車と船ですね。ほぼ中央に描かれているものは何だか分かりますか。麻雀台です。その上が鳥。実はこれが4人の慢性統合失調症と診断された方々に描いてもらった作品なのです。「絵を描いてください、皆で共同して話し合ってやってね」と要請したけれども、それぞれ言葉はほとんど話さない。各人が周りの影響を受けないで描くとこうなるのです。

麻雀台の上に鳥が乗っている、奇を衒《てら》った前衛絵画ではありません。互いに相手のことを考えないでそれぞれがマイペースで描いているので、図らずも重なってしまうわけですね。影響し合わないように見えるけれども、船を描いた者がいたから、自動車を描いたのかもしれません。それぞれの連想が絡むとしてもそれ以上の展開はありません。

図2-31（口絵参照）はどうでしょう。前のと大きく違いますね。このあと、患者さんのひとりが抜けます。代わりに誰が入ったのでしょう。それが、問題であり、構造変化のすべてです。病院実習の時間に描かれたというのが、ヒントです。

新しいメンバーが入って音頭を取ったのです。病棟に実習に来ている5年生の医学生をひとり加えたのです。さっきの絵を描いたうち、3人は同じにして、船を描いた患者さんが抜けたのです。

そうすると、医学生が、「あなたこれを描きなさい、あなたはこれを描きなさい」と役割を指示。一応、自

図2-32

転車で一つの方向に向かっている場面が出来上がったのです。

次は図2−32です。今度は、4人とも医学生にします。話し合ってこんなふうに描く。ある方向と結果がある。つまり、個人ではなくて、その全体が抽出される。いかにも「合同」です。このことから考えると図2−31の合同の意味は微妙です。というのは、図2−32に比べると図2−31の方が個人色が非常に強く出ていると思うからです。ですから、家族のなかで、非常にパワーが強くて、表現力が豊かで、全体を構成する力が強いメンバーがいると、家族全体が参加してはいるのですが、お母さんならお母さんの主張がワッと出てしまうこともあるのです。もっともそのパワーが相互作用そのものを代用していると考えればそれでよいのかもしれませんが。

最後の図2−32が、先に合同家族画のお手本として最初に示した絵、図2−16（口絵参照）と、まとまり具合や雰囲気が似ているとお気付きの読者がおられたら、ここまでの内容を確実に理解されていると拝察いたします。

第三章　家族画など「モノ」を多用した家族面接の実際

1　過保護の関係を遮断する

世間でもよく言う過保護とは、いったいどういう事態なのでしょうか。ソーバー（Sauber, S. R., 1985）らの編集した家族療法用語辞典での「過保護」（overprotection）の項には、「だれかの幸福への過度の関心。過保護の子どもは依存しやすく、言いなり、内気、強情でわがままになる」とあります。ボクの見立てでは、医師らに、「子どもにこう接すると過保護になると思って、なるべくそうしないよう心掛けています」と報告する親も過保護の予備軍です。

しかし、親が子どもの幸福を考えるのは当然のことです。それに「過保護」の弊害が生じるのは、子どもも「過保護」に巻き込まれるという条件が必要です。「過保護」は相互関係のなかで成立するわけですから、親だけをあるいは子どもだけを責めたり変えたりしても意味がありません。

「過保護」対策としてボクは親を指導するような方法は極力避け、まずは親子のあいだの交流を遮ろうとします。相互関係を良い方向へと調えるのは難しいのですが、ゲームをしてもらうような形でいったん相互関係を断つのなら簡単だからです。当然、眼に見えないものは切れないので、この本での一貫したアプローチ、つまり眼に見える形、モノに還元し、そこを切ろうとします。

昨今では家族間の交流の不足が子どもの情緒障害を生むという、妙な俗説が蔓延《はびこ》り、交流を増やす方向が

推奨されることもしばしばですが、児童や思春期を対象とする外来を訪れるケースでは、逆に、交流が豊かすぎることが問題であることも多く、交流をいかに断ち切るかが治療のポイントになるのです。

その場合、豊かな量での交流は、たとえば母親とひとりの子どものあいだだけといったように、偏在していることが多く、交流を断つことは、この偏りを全体にならすことになります。

この章では、前章のように多くの症例の山場を取り出すのでなく、一例の、すべての経過を含めた治療経過をそのままお話ししようと思います。いろいろな場面でモノ——主には描画ですが——を最大現に援用していますが、すべてが、母親と患者間の（過保護という）交流を断つよう企図されています。

2 症例研究——不潔恐怖の女子高校生

◉「何十回も手を洗う」と訴え受診

では始めましょう。症例は初診時17歳、不潔恐怖の女子高校生X子です。家族は、両親と妹の4人暮らし。母親にメニエール病の既往があります。

トイレの近くにいるときや、自室に入る前に、何十回も手を洗わないと気がすまない、不潔なことが頭に浮かんで勉強に身が入らないだけでなく、友達と一緒に居る、本来なら楽しい時間も「暗くなる」、と訴え来院しました。

X子は小学生の頃から大変にきれい好きでしたが、中学2年生のある日、4年前の小学4年生のときトイレに入っていてカメムシのような「便所虫」が目の前に飛んできた情景を思い出し、同じ小学校に通っていた妹のことや妹の学用品などがたまらなく汚く思われ始めました。妹の学用品に触ったり、また触っていないときでも触ったような気がしたりして、何十回も手を洗うようになったのです。当時、生徒会（副会長）

やクラブ活動（ブラスバンド）での友人関係の悩みも抱えていました。学業成績は、中学1年生の頃には学年で5番くらいでしたが、2年生で下降し、3年生になったときには20番でした。

それでも、名門高校へ入学。妹が中学に入ってから（X子は高校2年生）は、妹やその持ち物を嫌うことはなくなりました。しかし、家ではトイレの近くにある洗面所で手を洗っても洗った気がしなくなったり、図書館で勉強していると図書館のトイレのことが気になったりして、実際にはそこに行っていないのに手を洗わずにいられない衝動を覚えました。

自転車通学をしていましたが、路上の糞便を踏みはしないかと心配になったり、または踏んでしまったと思い込んでしまったりするので、父親の車で通学しました。勉強には励み、成績は高校1年生のとき（370人中）230番でしたが、高校3年生で90番へと上昇しています。

半年ほど前から、X子は自分から精神科に連れて行ってくれと母親に頼むようになりました。しかし、いざとなるとしり込みしたようです。

外来では、X子が話すと、続いて母親がその倍もしゃべりました。症状の内容と、どのように娘が苦しんでいるかという観察と、それに自分の育て方が如何に悪かったかという懺悔が中心でした。こういう場合、母親の娘への接し方についての反省は常に「悪かった」と過去形です。精神分析でいう、一種の否認なのでしょう。ライクロフトというイギリスの精神分析医のいう推理小説に夢中になる心理に似ています。推理小説では、繰り返し「だれが殺したのだ」という質問が反復され、いつも「私じゃない」と自分（読者）を除外する答えが用意されているというのです。

母親が犯人捜しに躍起になり、犯人として突き止めた「母親自身」は、すでに過去の、読みかじりの知識（育児書や心理学・精神医学関係の本）によってパターン化された人物であり、いまここにいる母親そのものではないのです。だからこんなに饒舌になれるんだ、とボクは冷静に観察していました。

◉母親の異常な温かさにメス

さて、当初から主治医だったボクは、とりあえず抗不安薬を処方しました。強迫症状は、SSRI（選択的セロトニン再取り込み阻害薬）などの抗うつ薬によっても軽快することが報告されています。しかし、これだけ家族が熱心な症例ゆえ、投薬によってお茶を濁すようなことをしないで、ずばり親子の断絶（第一章で述べた「世代間境界の構築」）が著効を示すだろうと、当初から読んではいました。

果たして2週間後、手洗いの回数はやや減少しましたが、予想通り顕著な効果はみられません。受験のことを考えると、イライラが昂じて手洗いも頻繁になると訴えました。不潔なものに触っている夢も見たそうです。手洗いは、学校や親戚の家にいるときは非常に少なく、家だと多いという特徴がありました。何一つとっても、母娘の交流断絶しか解決方法はないと謳っているのです。

まずはX子の家族観を明確にすべく、「家族」という題で絵を描いてもらいました。簡単な絵でした。終わった段階で、「温かいからお母さんは赤、妹もお母さんに似て温かいからピンク、お父さんは冷たいから水色、私は中立の立場だから緑」と説明しました。そこまでは良かったのですが、それらの重なった部分を「家族全体の雰囲気は温かいから……」と言いかけて、X子は突如口ごもりました。さあ、このあとX子はどのように語るのでしょうか。しばらく先に読み進まず、カラー図版（**図3-1**、口絵参照）を丹念に観察してみてください。

もう、お分かりですよね。精神分析でいう失策行為と捉えてもいいでしょう。ボク自身は家族のなかでは症状を出しているヒトが最も家族のことを冷静沈着に観察しているという、長年の臨床経験で得られた印象から、X子が「家族全体の雰囲気」を単純に「温かい」と考えていないのではないか、と秘かにこの失策行為を解釈していました。

X子はどのように語ったのか。「温かい」と自分が言葉では言いながら、家族画では「家族全体」の重合部分を「冷たい」色彩――群青色――で塗ってしまっていたことに気づいたのです。こうした点や母娘の共生関係から、ボクは時期を見て、半ば強引に家族関係、特に母娘の相互作用にアプローチしなければと感じました。

母親は要望に応じて手洗いの回数を確認してやっていました。X子が混乱すると母親の不安も高まり、症状は、ときに悪化しましたが、ほとんど横ばいの状態で経過していました。母子共生状態と強迫症状とは、見るからに解決の目処の立たない悪循環です。完璧ゆえ（当の家族からは）それなりに安定しているように見えるのでしょう。

その後、X子は東京の短大に合格し、外来への通院は中断しました。両親はといえば、X子が下宿してひとりで生活すれば病気が治るのではないかと期待し、思い切ってX子を親元から離したのです。しかしX子の強迫症状はおさまらず、学校へ行く以外はほとんど外出しませんでしたし、不潔恐怖にとらわれると母親を巻き込むパターンは、今度は電話を通して行なわれました。母親のほうからも頻繁に架電し、両者の交流はほとんど毎日みられたのです。

ここで皆さんに考えていただきたいことがあります。不安を払拭し、思い切った両親の決意「X子が下宿してひとりで生活すれば病気が治る」は間違いでしょうか、正しいでしょうか。正しいですよね。それがもっと徹底してできれば、確実にX子は良くなったはずです。

物理上の距離は離れたのに、母娘ふたりの関係は以前と全く同じでした。いいや、もっと現実に沿って言い換えてみましょう。物理上の距離は離れた「から」（その不安を互いに埋めようとして）、母娘ふたりの関係は以前と全く同じ（あるいはむしろ悪化している）というのが現状です。毎日電話し合っているという、母娘の纏綿たる情緒交流の濃密さ。信じられません。

一般に強迫行為は、それへの対応をしないでいると不安が高まってくるわけで、自分の意志で抑えようと努力しようとすると、さらに悪化します。そうした努力の末、X子もよく混乱に陥りました。電話でそれが分かると、母親は、「人様に迷惑をかけるような状態になってからでは遅い」と、深夜、父親に東京まで車を運転させることもありました（ボクは前述のX子の絵で普通の親並みに血の通った父親が、「冷たい」と表現されたのは、母親の異常な温かさと比較すれば「冷たい」からだと考えていました）。しかし、母親に促されたとはいえ、父親の対応も実際には今の悪循環の火に油を注ぐようなものでした。この母親の、周囲への影響力は父親のそれより遥かに強大なのです。

やがて、短大1年の秋、X子と母親が久々に来院しました。どうしても良くならないので、入院して治すかどうか迷っているとのことでした。ボクは入院の必要性を感じません。そこで、時間稼ぎもする目的で、家族全員での来院を勧めました。

◉合同家族画の利用——全員との面接で絵を描く

幾日かまとめて帰省する機会があったので、まだ御目に掛かったことのない、X子の妹にも協力してもらい、一家全員が参加する第1回の家族面接を持ち、その場で合同家族画を導入しました。読者にはもうお馴染み。家族全員がそれぞれ1本ずつ好きな色のクレヨンを持って1枚の家族画を共同制作するものです。

母親が父親に食事の光景を描くよう促し、父親がためらっていると、X子の妹が描き始めました。妹は赤色でテーブル、その上方少し左寄りに母親、右側にX子を描きました。父親は緑色で右に父親自身を、X子はピンク色で左に妹と食品とを描きました。母親は朱色を選びましたが、家族に指図するだけで、箸と小さなおかずを描いただけでした。絵（図3-2）が完成したあと、母親は「にぎやかに笑いながら食べているところ。妹は早く食べ、果物に取りかかる。父親はコーヒーが好きで自分はお茶が好き。X子は太るといってあまり食べない」と説明しました。X子は「東京に行ってから、ひとりで食べるのがつまらない。やはり皆で食べたほうがいい」と付け加えました。

この絵を描いたとき、X子は母親の隣にいました。その両側を父親と妹が囲むように座っていました。そこで私は、モニター室からX子と母親を隣り合わせにせず、両端に離れるよう座席の移動を指示しました。そのうえで、家族にクレヨンは先ほどと同じ色を持ってもらい、再び家族画を制作してもらったのです。今度は母親の提案で、テレビを見ている場面が選ばれ、父親が描き始めました。母親は指図するだけで、X子の描いた母親の輪郭部分をなぞっただけでした（**図3-3**）。

その絵についての説明で妹は、「母親はテレビが嫌いで寝ているか、友達に電話している。父親はわりとテレビが好きで、何もしゃべってくれず、ぼんやりと見ている。姉は歌手の批判をし、私はうるさいと思っている」と述べました。また母親は「同じ歌番組でも、X子は歌詞の内容、妹は曲のほうに興味がある。この子が病気になってから、皆で一緒にすることが少なかったことをよくよく反省している。私も一緒にテレビを見ていたら病気にならなかったかも」と述べました。このときも、現在の「一緒になってテレビを見ていない」ことには少しも言及されず、過去形で語られました。

1枚目と2枚目の二つの絵を比較しての感想を皆に問うとX子は「ご飯のときは皆同じ行為をしているから、まとまっている」、妹は「ご飯のときは皆話題が一つだが、テレビのときはお母さんひとりで行動するので気を遣う」と語りました。席を替わったことが絵に与えた影響について問うと、妹が「お母さんが隅にいって小さくなった」と答え、母親は「自分とX子は隣同士のことが多く、また夫婦で隣に座るということはない。だからあとのほうの座席配置だと不自然で、絵の私の部分が小さくなったと思う」と解釈しました。

ここでボクは紙にマジックインキで図解（**図3-4**）をします。

「席のパターンを替えると、こんなに絵が変わるんですね」と、2枚の絵をテーブルの上に拡げたまま、図解を提示して指摘。それによって母子相互の影響力がいかに大きいかほのめかします。これから多少荒療治

図3-2

図3-3

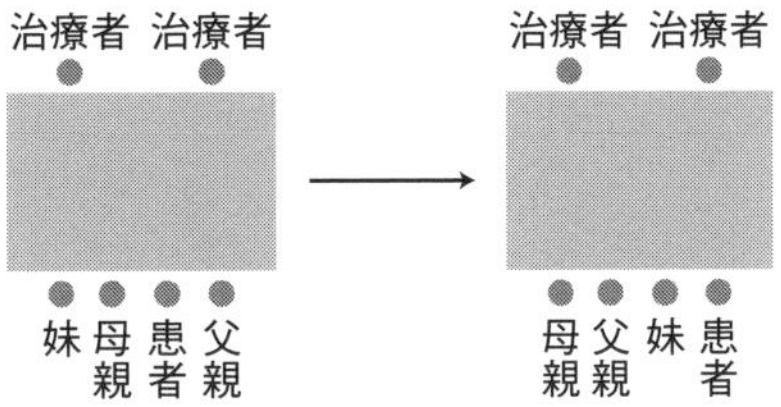

図3-4

ではあるが母親はX子の下宿へ今後一切電話をしないこと、X子から家に電話があった場合は父親が受話器を取り、X子に母親とは直接話をさせないという課題を、次の家族面接までの一カ月間行なうよう申し渡しました。

この暗示は多少トリッキーではありますが、図解を併用した描画の変化を目の当たりにさせる説得力が大きかったのでしょう。家族は大いに納得したようでした。皆さんは騙されてはいけませんよ。実際は席を替えなくても絵は変わるのです。よほど風変わりな家族でなければ同じ絵は描かないはずです。絵の形や色、席替えという目の前で起こった二つの「事実」を材料にすると、解釈の飛躍が飛躍と見えにくいということです。「火のない所に煙は立たない」といいますが、デマと同じように、ごくわずかでも本物の「火」があると、ヒトは乗りやすいのです。

◉母親との電話禁止も延長

一カ月後、課題が達成されたと報告されました。X子は不潔恐怖からくる不安を解消しようと、毎日のように家に電話をかけましたが、直接母親と話ができず、父親だと「女同士の話がしにくい」、それに「来てもらいたくてもどうせ来てくれないので、孤独感に襲われた」と述べました。結局、X子は「どうせ思いが通じないのなら電話代もムダになる」とイライラして、すぐに電話を切り上げてしまうようになったようです。

通話時間は、以前母親と話していた頃は短くとも20～30分だったのが、ほんの2～3分になりました。娘の東京での生活がよく分からないので、母親には不安感が残ります。しかし、母親は「娘の病気を治すためだ」と割り切ったそうです。その結果、かえって気が楽になったとのことでした。予想以上にうまくいっているようなので、同じ課題をもう一カ月行なうよう伝えて、その回は終えました。

一カ月後の第3回家族面接では、電話の時間だけでなく、回数も減り、母親も、X子が生きていさえすればいいと、X子のことを気にしないで過ごせるようになったと報告されました。そこでさらに一カ月、課題を延長しました。

その一カ月後の第4回家族面接では、夏休みにX子が家に帰ったときの様子が報告されました。それによると、以前のようにわがままを押し通したり、ちょっとしたことで爆発したりするようなことは少なく、また、今までは引きこもりがちだったのが、近所の人が来ても自分から挨拶できるようになり、入浴や手洗いの時間も短くなったとのことでした。ところが、そうした周囲からの評価とは別に、X子は「入院してもっと完全に治したい」と要望しました。そこでボクは、入院で完全に治せるかどうかはやってみなければ見通しが立たないこと、従って何カ月かかるか分からないことと、さらに、X子が入院しても母親が入院しても同様の効果があると伝えました。

症状が好転しているにもかかわらず、X子が家族ぐるみの治療に抵抗し、個人の治療を求めてきており、家族もそれを容認しているので、「母親が入院」という家族にとっては奇想天外な着想を持ち出し、家族の自己治癒力をかきたてようとしたのです。さらにそれだけでは弱いので架空のものですが、母親の「病理性」を突き付け、少なくともX子だけの問題ではないことを強調したわけです。X子は、完全に治るかどうかがあいまいである点で、また母親は、自分が入院するという話を聞いてショックを受けたようでした。再度一カ月間、同じ課題を延長しました。

◉明るさ戻りボーイフレンドもできる

その一カ月後の第5回家族面接では、X子か母親かの入院は取りやめという家族の見解が出されました。それによると、X子は、X子自身いつまで入院するか分からないので、卒業を控えたいまの時期は外したい

図3-5

と考えたため、また母親は、自分が家に居ないと妹の高校受験や家業に影響があるため、との理由で、それぞれ入院をやめることにしたということでした。現実が優先されるということは、どんな治療にとっても、自然で有効であるとボクはいつも考えていますので、家族の選択を誉め称えました。

X子の変化はといえば、通話を禁じられていない父親や妹と電話で少し長めに話をし、しかもその内容は買い物や遊びなど、これまでとは打って変わって女子大生らしく、残り少ない東京での生活のエンジョイぶりを示すものでした。ボーイフレンドもできたということで、こちらもずいぶん驚きました。母親は、ともかく半年間、危険を招くことのない状態が続いたことに安心していました。電話代がもったいないから早く切れと、母親が父親や妹に言うようになるという皮肉な変貌も観察されました。

家族に変化が感じられたので、この日久々に、再び合同家族画を行ないました（**図3-5**）。前回と異なった第一の点は、各自が自分を描いたことでした。「正月に娘（X子）が東京で4人用のゲームを買ってきた。将棋のようなゲームなら母親はひとり抜けて寝そべったりしていてもいいが、これは〈4人でしかできないゲーム〉だから……」と父親は説明しました。X子と妹はともに、「ご飯以外では初めてのバラバラでない行動」と形容し、母親は「自分自身を初めて描けた。しかも群青色へと大幅に色を変えた」と述べました。ボクは母親が無理に冷たく装っているなぁと感じました。あの群青色ですよ。**図3-1**のです。皆さんにもご記憶があるでしょうか。

図3-6

X子の強迫観念は相変わらず存在していましたが、強迫行為は消失していました。さらに、この日、母親からX子の病気の回復を示すエピソードが披露されました。それは、ある日、父親と妹が風呂へ入ったあと、X子が湯船に体を沈めると、何かが浮いているので、母親に「これなあに？」と手で掴んで持ってきたというのです。それは大便でした。

その話が出たのを契機に、当時、だれがお漏らししたのか、など互いに責任をなすりつけあって家族は大笑いしたそうです。X子が自ら大便を掴んだり、そうしたユーモアを解したりしたことは、他の家族には予想もつかなかったことでした。ボクにとってもそうでした。そこでこの回で治療をいったん終結することにしました。

フォローアップのため、その一年後に第6回家族面接を開きました。そのあいだ、X子は成人し、卒業し、地元の会社への就職も決定しました。そのときの合同動的家族画（**図3-6**）では、「最近4人で一緒にしたこと」という題で、成人式のX子や妹を父親が写真に撮り、母親はそれを見守っている場面を家族は選びました。各人が自分自身を描き、母親の色は朱色に戻っていました。X子と妹 対 父親と母親という、明確な世代間境界が彷彿とされるような図柄でした。X子の強迫観念も、日常生活に支障のないほどに軽減していました。

◉再発を乗り切る

治療終結から3年後、X子の強迫症状は再発しています。妹が名門大学へ入学した時期で、会社での対人関係にも若干問題を来している時期でした。「自分は病気のため、妹のように希望の大学へ入れなかったので今は不愉快な思いがしている」と母親に八つ当たりしています。妹抜きで治療が再開されました。母娘の距離は以前に比べれば充分に取れてはいましたが、ボクはあえて母子を遮断するという同じ処方を出します。2回の面接で病状は軽減しました。以前に比べて極めて治りがよかったのです。よくあることですが、病気を懐かしむのです。現実が思うようにいかないとき、欲求不満の捌け口がふと昔の病気のときの状況へと向かうのです。いわゆる、「いやらしい再発」と考えられました。「あの道はいつか来た道」と形容して、両親やX子にそのことを説明しました。その頃から、決まったボーイフレンドがいましたが、それからはいよいよ結婚を決心する段階になったと漏れ聞いています。

◉症例のまとめ

細部細部で丁寧に説明しましたので、最後にこの症例の治療経過を手短に総括してみます。母親の娘への過剰なべたべた。それこそがこの症例の「病理」だと思われた向きも多いでしょう。家族にとっての「悪性腫瘍」のようなもの、無駄で有害だから切り取ったら家族が機能し始めた、そう考える方もおられるでしょう。ボクが言いたいのはそうではありません。この溢れる愛情や膨大なエネルギーは決して家族にとっては、「無駄」でも「有害」でもなく、これらこそがコーディネートの仕方によって、家族を治療する原動力にできるという見解です。「親があっても子が育つ」という、坂口安吾の箴言がまた脳裡に浮かびます。それにしても、この症例こそ、「親があっても子が育つ」にまさにピッタリなケースではありませんでしたか。

第四章 神経性やせ症を抱える家族にとっての「モノ」

1 これまでの整理

前章までは個人と家族を「モノ」の一種である絵、で捉え直してきたわけです。個人の家族画では、「家族」という題で絵を描いてもらうと、そこにはこれまで個人のなかで形成されてきた家族へのイメージが漏れ出ると見なしました。これは、治療者側からすれば、いわゆる深層心理といわれていたものを読み取るという従来の作業に相当します。

まずは描き手の説明を訊いたうえで、絵とその説明をこちらがどう理解するか、つまりその絵への「解釈」を診断や査定に利用するわけです。精神分析の考え方なのですが、こころの在りかたについての個人の特性を、一定の視点から類推するということですね。

それに対して、複数の家族成員が参加する「合同家族画」といわれる、各成員が色の違うクレヨンを一本ずつ持って「何か好きな場面を描いてください」とか、「あなたがた家族の絵を描きなさい」という指示のもとで家族が皆で協力して制作した絵では、親子がどういう交流をしているか、すなわち家族間相互作用が、こちらの「解釈」を経ず、そのまま（「モノ」の一種である）絵、それ自体に露呈されるわけです。

家族全体の行動特性、個人個人がそれぞれ何を考えているかということよりも、集団が影響しあった結果、どういう行動として表現されるか、つまりそこに含まれる相互作用の在り方が（「解釈」段階を経ず）そのま

ま露呈するわけですから、同時進行ですぐさま、治療介入ができます。顕現した家族全体の動向は、現実にその場で起きていることだけに、それに対してどう関わっていくべきかを、待ったなしで投げ掛けてくるわけで、それへの応答が治療そのものとなるということです。

もちろん症例のなかには、個人に「家族画」を描いてもらうだけで解決がつくケースもないわけではありません。しかし、ごく少数です。

心理療法の領域では描画は高い人気があります。心理テストとしては20世紀中盤のように多用されてはいません。前章の総括を兼ね、新しい話への橋渡しとして、個人の「家族画」から「合同（家族）画」までスペクトラム化してボクの技法を簡潔にまとめてみました（表4-1）。

2　カレン・カーペンターの凄絶な死——神経性やせ症

さて、日常臨床で扱っているなかに他の疾患と一線を画す、非常に厄介な病態があります。精神病ではありません。心身症に分類する学派もありますが、主に精神科で扱います。神経性やせ症。別名を思春期やせ症、神経性無食欲症ともいいます。思春期青年期の女子に多くは見られ、数は少なくないですが、だいたい女性10人に男性ひとりくらいの割合で男子にも見られます。昔から中産階級より上に多いと言

表4-1

技　法	目的とする効果
A：患者あるいは家族に家族画を描かせ説明させる。	○個人のもつ家族観の言語化
B：患者と家族に家族画を別個に描かせ批評させ合う。	○相互不理解部分の明確化
C：患者と家族が別個に描いた家族画を、同席の場所で交換し、好きなように修正し合わせる。	○絵を媒介とした相互介入
D：家族全員に１枚の家族画を話し合いながら共同制作させる。	○一過性の濃厚な人間関係の現出

われていますが、アメリカで黒人の低所得層にも見られた報告を皮切りに、今では家族背景にもバラツキが見られるようになりました。

この病気の有名な例は、今でも曲目の人気が落ちないので若い方もご存知でしょうが、カレン・カーペンター（1950～1983。アメリカの歌手、兄とカーペンターズを結成していた）です。この病気を抱え込んだまま過密スケジュールをこなし、心臓の発作で倒れ、亡くなっています。重症では体重が極限状態になり、そういう点でも身体に生死の危険を及ぼすのです。

この病気、どこがいちばん厄介かというと、食べないのが自分の意志によることです。頑として栄養を摂取しません。ご本人は「食べようとしているが胃が受け付けない」とか「それでも少しずつは食べている」とか適当に言い訳されるのですけれども、治そうという気は全然ないのです。しかも体重が増えないのに「まだ肥っている」と考え、過剰に身体を動かしたがります。身体が危機状態に陥ると脳のなかから脳内麻薬が出て、メンタルにハイな状態になると言われていますが、もともと他人に絶対妥協しない、融通の利かない性格のヒトが発病によって、ますます頑固になります。

いったん低体重になるとなかなか回復は難しいです。超低体重を維持し続けるケースをボクは「筋金入り」と呼んでいます。家族や医師の前では、きちんと治さなければとかもっと食べなければと仰っているんですけれども、体重は正直で、嘘をつきません。体重の推移を見ていると全く差がないばかりか、だんだん体重が低下していくことさえあります。そのままずっと経過して40、50歳まで続くヒトもなかにはいますし、思春期青年期の一時期で終わる場合も多いようです。思春期が訪れる前に神経性やせ症になりますと月経も発来しないわけで、そうなると女性としての機能に障害が出てくる可能性が出てきます。

3 神経性やせ症のC嬢

この病気。19世紀から知られていました。医学雑誌に写真が用いられるようになるのは大概、１９００年以降ですから、当時は、銅版画で症例の外観が紹介されています（図4-1）。１８７４年、今でも刊行が続いている『ランセット』というイギリスの医学雑誌がまだオックスフォードで配布されていた時期（１８６８年８月）に、ガル（Gull）という医師が「アノレキシア・ネルヴォーザ（神経性無食欲症）」という診断名を初めて用いました。ちなみに、皆さんがよく聞かれる「思春期やせ症」はドイツ語圏の呼び名です。

その後１８７４年に発表されたガルの論文では、A、B、Cの３症例が銅版画入りで登場します。

そのうちのひとりC嬢（Miss C.）は15歳8カ月。１８７３年の4月にガルの元に紹介されてきました。極端なやせが1年間続いていたのです。月経は発来しません。半年前はひどい不眠に悩まされたということです。内臓には全く異常が無く、尿も正常でした。下肢に浮腫がみられました。その他の所見としては、落ち着きがないことと、祖母が一風変わった「神経」症状を病んだことがあることくらいでした。結局、やせ以外に何の症状もなく、結核とは明らかに異なっていました。

図4-1 ［Gull, 1874より］
左：回復したC嬢
右：神経性無食欲症のC嬢

ガルは「神経性無食欲症」の典型だと診断し、最も効果があるとガル自身が確信していた処方を添えて紹介してきたアンダーソン医師に患者を返しました。その処方は「暖かい服を着せ、2時間おきにミルク、クリーム、スープ、卵、魚といった滋養物を（スプーンで）食べさせる」というもの。果たして効果はどうだったのでしょう。翌年の4月、「C嬢は完全に回復した。以前のふっくらした血色の良い顔立ちがもどって来た」とのアンダーソン医師からの書簡を、ガルは受け取ったのです。

図4−1で、右は治療前です。このヒトに対しては、親から隔離し入院させて皆で手厚く看護という対応をしています。この報告はどこが新しいのか。それは、当時、若い娘さんがガリガリに痩せるというと大体結核を想定していました。結核自体が非常に多かったからです。結核であれば、身体全体にどこか元気がないし、動くのも苦痛です。ところが、自分の症例は動きまわる。どうも結核とは別の病気のようだ、メンタルなもので食欲が失われる、あるいは食べられなくなる、そういう病態だとガルは考えたのでした。

この病気に対するアメリカ精神医学会による最新の診断基準DSM−5（2013）では、①必要なカロリー摂取を制限し、年齢、性別、成長曲線、身体の健康から見て正常の下限（児童思春期では期待される最低を下回る値）の体重、②体重増加・肥満への強い恐怖を抱いたり、体重を増加させない行動を続けたりする、③体重・体型についての悩み方がおかしく、体重・体型によって不適切に自己を評価し、現在の低体重が深刻だという認識欠如が持続する、という特徴が挙げられています。

これまで相当長期間続いたDSM−Ⅳ（および診断基準はそのままで内容の一部を改変したDSM−Ⅳ TR）との大きな違いは、必要な体重を維持することの「拒否」、体重の目安、無月経に関する文言が消え、寛解に関する病型分類やBMIを基準とした重症度分類が加わったことくらいで、従来と大差はありません。

日本にも厚生労働省難治性疾患克服研究事業「中枢性摂食異常症に関する調査研究班」による「神経性食欲不振症のプライマリケアのためのガイドライン（2007年）」があり、本症を、「主に10〜20代の女性において、多くはその年代に特有の心理的ストレスに対処できないことを契機に、やせ願望や肥満恐怖に基づく食行動の異常のためにやせを来たす疾患であり、その程度に応じてさまざまな合併症を呈する」「病型には制限型（小食）とむちゃ食い／排出型（やせを維持するための過食後の自己誘発性嘔吐や下剤・利尿剤の乱用）がある」と定義しています。「ガイドライン」のなかでは厚生労働省研究班で１９８９年（平成元年）に作成された診断基準が掲げられていますが、そのなかでは、（昨今の国際分類がＢＭＩを用いているのに対して）体重、それも日本人の体型を考慮した方法を推奨していて、些か時代遅れともいえる代物です。「ガイドライン」での「栄養状態の評価」（標準体重の％に応じた重症度分類）や「緊急入院の適応基準」（本症の死亡率は６％～20％と高いので、全身衰弱〈起立、階段昇降が困難〉や重篤な合併症〈低血糖昏睡、感染症、腎不全、不整脈、心不全、電解質異常〉があったり標準体重の55％以下のやせ、という場合は救命のために緊急入院の適応の有無を判断し、全身状態の改善が最優先する）のほうが、むしろ実用になるのでしょう。

4　家族関係を映し出すモノとは何か

思春期・青年期の精神科専門外来で経験を積むうちに、精神病は20歳前後にならないとまだまだ件数が少ない時期ですが、メンタルな症例のなかで、非常に重症な神経性やせ症をかなりの数、担当しました。大学病院の精神科に来るような方は、食べない事や低体重以外に症状はほとんどありませんが、「三日坊主のダイエット」と違って、すでに進行し逆戻りできないヒトが多くいます。いくつか入院症例を持っていましたが、行動制限（何kgに成るまでは行事参加や外出外泊を許可しない）と経鼻栄養（高カロリーの流動食を鼻から入れたチューブで胃に送る）によって体重を増やして退院させても、すぐにまた元に戻り、メンタル面での気付きや意欲を引き出すことができないまま終わるという苦い経験を重ねました。危機に瀕した体重の背景には、それまでも精神分析の立場からの、母親に問題があるとか本人の「成熟拒否」という心性がその病理だという説など、推測されるメカニズムが事細かな知識として、論文や成書を読むごとに累積されて行きましたが、頭でっかちになり、背景の説明には饒舌でも、質のある治療成績に活用できる訳ではありません。その度に無力感を味わっていました。実際に家族を治療に参加させるという発想もありませんでした。

家族全体を治療対象とするようになってから、初めて治療に手応えをおぼえました。

そもそも、それまでは家族を、子どもの命を心配して一生懸命、食べさせようとして働きかけているが、当の子どもは全く応じてくれず、苦労や愛情も徒労に終わる、気の毒な被害者だと思っていました。そして、前述の「母親に問題があるとか本人の〈成熟拒否〉という心性」は、神経性やせ症の原因・誘因というよりも結果・影響ではないかと考えていたのです。

家族ぐるみで神経性やせ症を扱う方法は当時、日本にはまだありませんでした（浜松医科大学精神科のボクと、淀屋橋心理療法センターの福田俊一医師の仕事が我が国での嚆矢）。外国では盛んになり始め、その評判について、鈴木浩二氏（故人）など日本でも一部の人たちが紹介し始めていました。しかし、実践することは、日本に定着した精神分析の権威を冒涜することになると考えられたのかもしれませんが、誰もしませんでした。

これまでの心理療法からの発想の転換は、ボクの場合、とてもうまくいきました。原因が結果に至るので、おおもとを変えねば駄目という常識には縛られず、結果をいじれば事態が少しは違ってくるのではないかという視点が元からあったからです。30代の頃『表情の精神病理』というムックを編集しました。そのなかで「フェルグートの皺」とか「Ωサイン」という、自殺のサインとも呼ばれる、うつ病における特異な表情が出てきます。眉に寄る悲哀の皺です。当時、考えていたのは（たとえば抗うつ薬が効果を発揮して）治療がうまく行ったら皺が無くなるだろうという、誰もが当然予想することだけではありませんでした。毎日、時間を決め、鏡を見ながら皺を伸ばす表情を作ってもらったらどうだろうと思っていたのです。「フェルグートの皺」とか「Ωサイン」のある患者さんには実際には遭わず、試したことはありませんでした（ほんの最近になって形成外科関係でクリームの塗擦でしたか、手術ではない方法で愁眉筋を弛緩させる研究が報告されていると知人に教えてもらい、「やはり」と思ったことがあります）*。

原因（「うつ」）への究明と対応ではない、結果（「皺」）への介入が、家族全体への治療とどこで繋がるか、まだ不思議に思われる方もおられるかもしれません。

「うつ状態」を扱うことはヒトを、あるいは「こころ」を対象にすることです。ところが、「皺」だと「モノ」が相手です。家族ならどうでしょう。家族の「こころ」という言葉での表現はあるにせよ、現実には「こころ」は家族成員個人個人の属性であり、それらを合算しても家族の「こころ」になるわけではありません。家族全体を扱うとしたらどうでしょう。語弊がありますが、これは家族をモノとみなすことです。各家族成員の「こころ」はともかく、トータルな「家族全体」はモノなのです。合同家族画に見られた集団特性はモノ。薬物療法もある意味ではそうかもしれないし、煩雑極まりない「こころ」を経由しない昨今流行りの認知行動療法にも通じることかもしれません。

理屈っぽい論調は一旦ここで止め、家族全体をモノと見なすようになった、その初期に手掛けた症例の話に入りましょう。

5　症例研究——神経性やせ症の19歳女性へのディナー・セッション

●現実にはすでに存在しなくなっていた「食卓」

患者さんは、この3年くらい複数の施設でさまざまな治療法を受けていました。良い反応は得られていません。ボクの外来を家族で受診したとき、もう高校は卒業していて、19歳になっていました。痩せは目立ち、並の身長でしたが、23kgとか23・5kgという体重でした。胸を見ると洗濯板みたいですし、背中には剛毛が生えていました。人間でも痩せてきて脂肪がなくなると、身体を守るためにということでしょうが、毳毛（ラルーゴ）が生じるのです。アザラシのような不気味な外観でした。

そういう状態にもかかわらず、本人は自分が「まだまだ肥えている」と思っているのです。拘束を緩和すると病棟の1階から10階まで階段を幾度も上り降りします。家族画を描いてもらうと、自分の像は痩せた姿でなく、必ず太ったふうに描きました（図4-2）。

入院してまもなく、まだ治療方針が定まっていない時期、家族が揃ったとき、ひとりっ子ですから両親だけですが、3人に合同家族画を描いてもらいました。これは家のなかの様子の絵です（図4-3）。それぞれが自分を描き、お父さんは新聞を読んでいる。お母さんは食事をしている。本人はそれを見ている。こういう構図ができました。患者さんが個人で描いた絵以上の情報を何ももたらしてくれません。

合同家族画の「家のなか」でうまくいかなかったので、今度は、「家の外を描いてください」と2枚目を求めました。そうすると、図4-4のような、洗濯物をお母さんが干していて、お父さんが芝を刈っていて、本人がそれを見ている絵が得られました。前の絵と同様で、後ろ向き（人物画テストの定式では「拒否」のサイン）。身体は一部しか描かれていません。肩透かしを喰った気持ちになりました。

さきほど、合同家族画を描くと、治療介入の引き金になることがあると話しましたけれども、ここでは日常の家族関係そのものを露呈させるだけでした。もちろんそれだけでも意味はあるのですが、ここに現れている特徴をどう利用して、家族全体を動かしていったらよいか皆目見当が付きません。

＊　さらに、知己である精神分析医・形成外科医の藤田博史（ユーロクリニック）が、神経性やせ症の患者に自ら望んできた豊胸手術を施行することにより症状が著しく改善した例も紹介している（『こころの科学』185号、2016年、84-86頁）。

幾度も繰り返しますが、神経性やせ症個人への治療法、たとえば本人にカウンセリングを施行しても、全然治す気がないわけですし、歪曲しきった自分の身体像にとらわれていますから抵抗が起きるだけです。精神分析が長い時間をかけて行なわれ、治癒の兆しは見えず、体重のことも問題にしないので、なかには死んでしまう患者もいたという実しやかな話も耳にしました。

回復を求めない、協力を得られない患者さん本人にはいっさい触れないで、周りから動かしていくようにしたらどうか。家族、とりわけ母親は治療に対して一番熱心だし、こちらの言うように動いてくれるから、箱を変えて中身を染めることはできないか、と常に考えていたのです。本人への共感性を重視したアプローチを取ることが、まだまだ心理療法の常識であった時期。そのような方法は日本では冒険の領域でした。

神経性やせ症への治療法と言っても日本には他に、先に述べたような行動制限や栄養補給といった対応しかないわけですから、家族全体を動かす、合同家族画以上の「モノ」を探す必要がありました。

ボクの好奇心は旺盛です。アメリカを中心に海外の最新の論文を読みまくりました。なかでも目を惹いたのは、サルバトール・ミニューチンというアメリカの精神科医。家族全体を扱うアプローチにより、これまでの業界の常識とはかけ離れた方法で、神経性やせ症への高い効果を報告していました。ミニューチンが、神経性やせ症にランチ・セッションという技法を行なっていました。

結局行き着いたところは、絵を描くよりもっと効率よく、神経性やせ症とそれを取り巻く家族の行動を出現させる「モノ」として、家族の食事場面を治療に取り入れたらどうだろうという結論に至りました。「モノ」として、描画ではなく食卓を設定することにしたのです。

◉ミニューチンの治療をアレンジする

ミニューチンのランチ・セッションとはどのようなものだったのでしょうか。神経性やせ症の子どもと両

図4-2

図4-3

図4-4

親とが、面接室で治療者チームと一緒に昼ご飯を食べます。両親は、子どもが病気なのであって自分たちには何の問題も無いと考えています。子どもは食べようとしません。治療者は両親が協力し合い子どもに何とか食べさせてみるよう勧めます。これを受け、両親は無理矢理、食事を子どもの口に押し込もうとします。子どもは食べ物を吐き捨てます。

紹介の途中ですが、傾聴・受容・共感を重視するという金科玉条を掲げた当時の我が国での心理療法ではとても考えられない場面ではないでしょうか。アメリカは発明の王国です。神経性やせ症の治療に呻吟《しんぎん》していたボクはえも言われぬ爽快感を覚えました。

紹介に戻ります。ここでミニューチンは、子どもの拒食を親に管理されるのを嫌がる唯一の自己主張だと解釈します。そして、子どもがそうせずにはいられなかった「家族の構造」に問題を焦点化します。その結果、両親は子どもだけが病気ではなく自分たちにも問題が有ると考え始めるというのです。

ボクがミニューチンの治療に魅了された理由は、第一に、いま直前に書いたことの繰り返しになりますが、地道で誠実だが有効とは言い難い従来の「常識」治療法とは天地が逆転するほど内容に違いがあったこと。第二は、そのような思い切った方法にもかかわらず着実で大きな効果が実際に上がっている事実でした。

ランチ・セッションをヒントに、こちらで勝手にかなりアレンジをした方法を案出してみようと試みました。子どもが病気であって自分たちには問題は無いとして家族の「構造」を変えようとするミニューチンによるインパクト溢れる解釈やそれに基づく介入に魅了されたことに変わりはないですが、そのなかでボクが感動し、納得し、もっとも影響されたのは、現実には成立しなくなっていた家族の「食卓」、つまり家族全体にとっての「モノ」を治療の場で新たにつくってしまうことでした。そして、当時はここまで説明することができていなかったのですが、次のように考えていました。

個人の「こころ」、その不具合とされている奇妙きてれつで捉え処のない神経性やせ症を、家族の「食卓」

という具体性のある「モノ」のレベルまで落とし、単純化・視覚化させれば、こちらが操作しやすくなるのではないか、と。

個人に通常の家族画を描いてもらうだけで解決がつくような稀な症例は別として、合同家族画を導入すればそれなりに成功することもありました。ところがそれにも限界があり、家族に対してもっとインパクトの強い「モノ」が必要でした。そして、上記の症例で、合同家族画が治療への契機とならなかったと判断した刹那に、この症例のために初めて、ベニヤ板とテーブルクロスを購入して診察用のデスクに載せ、俄か食卓を家族での面接場面に作ろうとしたのです。

◉夫婦喧嘩というテーマを思いつく

ふたたび、症例に話を戻します。

どのようにボクはアレンジしたのでしょう。〈食事〉がすでに成立しなくなっている、モノとしての〈食卓〉に、付着しようとしない〈食事〉ではなく〈夫婦喧嘩〉を付着させてみようと目論みたのです。

専業主婦のお母さんは元々過干渉タイプで、エリート・サラリーマンのお父さんは自己防衛が強そうだという印象がありました。そこで、それに基づいて、両親に次のように指示しました。「娘さんはきっと食事をしないだろう、お母さんはそのことで娘さんを責めてください。で、お父さんは途中から患者さんをかばってください」と。お母さんは元々、娘に食べて欲しいんですけれど、2年以上も治療を受けているあいだに、医師に「あんまり勧めるから食べないんですよ」と言われたりしてきています。だから、昨今、実際には勧めていなかったのです。しかし、お母さんは娘の食べ具合が気になってしょうがないわけで、入院前、家にいたときは食べるか食べないかを案じて、蔭からしょっちゅう見るとも無く見ていたのです。入院したことで、とりあえず気が楽になったところでした。

それなのに今度はお母さんにわざと勧めさせるわけです。診察室に設えられた食卓――もともと診療用のデスク――で、患者さんと両親とに、ボクと副主治医とが同席し、病院の食堂から人数分だけ懐石弁当をとって、ディナー・セッションを開始することになりました。

セッションでは母親が執拗に患者さんに食を勧めて、赤ん坊扱いし、神経性やせ症に対する、母親の価値観・嫌悪感を表明します。患者さんは19歳でもうすぐ20歳なんですけど、「隣りの娘さんは振り袖を買ってもらって成人式に出る」とか、「お前なんかこんな身体じゃ着るものもないじゃない」とか、お母さんは言いたい放題。だんだん患者さんはうなだれてきます。

しかし、患者さんも反撃に出ます。お母さんにも食物の好き嫌いくらいあるでしょう。そのあと、お母さんがたまたま弁当のなかのナスを残します。すると、患者さんはすかさず、「お母さんだって食べないじゃない、好き嫌いがあるじゃない」と指摘するのです。すると、お母さんはそれを受け、「だってわたしは病気じゃないもん」と。

このとき、ボクはこの、「だってわたしは病気じゃないもん」をとても重要な言葉だと考えました。いま、患者さん個人への対応が難航しているので、問題を家族全体に拡大しつつあるところです。誰が付き添いで誰が患者という区別もないという見方によって、病気を家族全体のせいにしようと操作しているのです。それに対して、お母さんのこの言葉は、神経性やせ症は明らかに患者さん個人の病気だと断定しています。患者さん個人の病理性を主張するものです。この言葉を聞くことで、ボクには、何をいましようとしているかがよく分かったのです。〈夫婦喧嘩〉という家族の病理性を新たにつくって、誰が付き添いで誰が患者かという区別を少しでも曖昧にしようとしている自分の意図に気付いたのです。

「勧めるから食べない」可能性を前医に指摘されたこともあってしばらくは我慢していたのでしょうが、お母さんはもともと患者さんに食を勧めたい気持ちでいっぱいだったのでしょう。それからだんだんエスカレートしていきます。当て付けとも取れる、「入院してしばらくになるのに、病院でも食べないんですか、ちっとも治っていないんじゃない」と、普段なら口にしない言葉で声を荒らげます。一方、お父さんはどうだったのでしょう。こちらの指示に少しだけ沿って、ふたこと、みこと患者さんをかばう発言をしましたが、それだけで、あとは黙々と食事に専念していました。患者さんは言い訳を試みるけれども、お母さんの言葉に圧倒され気落ちしてしまう。〈夫婦喧嘩〉までは実現しませんでしたが、すさまじい食卓が、ここで出来上がったわけですね。

ところで、実はこの治療の経過は、その後、ボクたちの治療法が世間で話題になった頃、患者・家族了解のもと、ドキュメンタリーとしてＮＨＫの番組で放映されました。その番組のなかで、患者さんが、治療前の自分について語っているところがあります。貴重な証言と思われるのでここでその部分を紹介しておきましょう。治療終了３年後のインタビューです。

患者　大体お正月は太っちゃうと思うんですけど、「あ、これはやばいな」と思って、「このまま大体45kgぐらいを保ちたいな」って思っちゃって、どうにかしようと思って食べなかったら、どんどんこれが出てきたってことです。ところがどんどん減ってくると今度はそれが面白くなっちゃって、うん、何かすごい、「あー、減ってく、減ってく」という感じで、それが泥沼化したみたいな。

レポーター　じゃあ自分が痩せているとは思わなかったんだ。

患者　全然思わなかった。

レポーター　じゃあ、痩せているのおかしいんじゃないのって言ったのは誰？

患者　周りのヒトはずっと言っていましたし、親なんかもよく言っていましたけど、全然きっかけにもなんないんですよね、そういうときのヒトっていうのは。あ、私が母親だったらあれですけど、大体のヒトって分からないんですね。言われても、自分で気が付かない限りは絶対何を言われても、細いと思わない。

さて、治療経過に話を戻します。第1回目のディナー・セッションのあと、どのようなことが起きたのでしょう。まず患者さんですが、医師ふたりが同席するとしんみりして異様な食事になると感想を述べたあと、母親の態度が許せない、次回から母親抜きでやって欲しいと要望しました。体重に変化はありませんでした。しかし、入院してから初めての過食・嘔吐が出現します。それまでは自宅に外泊したときにしか起きなかった症状が病棟でも出てきたのです。さらに状態が悪化したと思われる方もおられるかもしれませんが、「筋金入り」の場合、全然食べないよりは歓迎すべき、ありがたい症状なのです。

それから1週間後に、第2回の「食卓」を予定していたところ、お父さんとお母さんとが同時に風邪をひいて、珍しいことに熱を出してしまいました。患者さんに感染するといけないということで、病院に来られません。そこで、またその1週間後、第2回目をすることになりました。

予めご夫婦に、「今度はちゃんと喧嘩をしてくださいね」と告げておきました。「食卓」が開始された時点で、近況報告というかお母さんに病棟での過食・嘔吐を報告すると、以前に自宅で見た過食・嘔吐がすさまじいものだったということで、すごくショックを受けられました。そして、その途端、食事が喉を通らなくなってしまったのです。そうするとお父さんが、「今日は喧嘩をしてくださいねと言われているから、その場面を捉えてお母さんに、「何だ、お前まで食べられないのか」と中傷します。もちろん、こんなことを常は言わないお父さんなのです。

お母さんは、それに触発されたのでしょう、「わたしばかりに養育の責任を押し付けて……」と、家庭では滅多にみられなかった愚痴をこぼし始めます。そのうち、患者さんはお父さんを弁護します。ところが、正月に外泊をしたとき、患者さんが過食をして大変だったことがあるのですが、それをお母さんから報告を受けて知っているはずのお父さん。実は覚えていなかったことが露呈します。「そんなことがあったのか」と正直に告白してしまうのです。患者さんは、これを聞き「えー、知らないのー」とショックを受けます。お父さんがひとり娘である自分のことをすごく気にかけてくれていると思っていたのでしょう。その刹那、お母さんは「我が意を得たり」とばかりにお父さんを追及する。お父さんはとぼける。またまた、すさまじい一幕になったのです。

〈夫婦喧嘩〉が終わって息者さんを病棟へ帰してから、お父さんに感想を問うと「迫真の演技だったと思います。演技も大変ですね」と語ります。お母さんはといえば「半分は演技だったけど、半分は本心がほとばしり出た」とのことでした。

また、病棟に戻ったあとの患者さんは、ちょっと前回のときと変わってきました。前回は「もうやりたくない」と力なく語ったのですけれども、今回は随分乗り気になり、「食事に関する母の干渉は憎らしくて、父の態度に好感を持った。だけど、正月の過食事件を忘れている父は実は無責任で逃げていて、ひとりで空回りしているように見える母が気の毒になった。母を非難できなくなった。理想に近いと思っていた夫婦の争いを聞いて、自分がどんなに関わろうが騒ごうが、夫婦の問題には立ち入れない。次回に何か起こると期待している」と、忌憚のない意見を述べたのです。

その後、患者さんは、病棟で自分と同じくらいの歳の若い女性看護師さんをつかまえては、「あなたのお父さんはどんなヒトなの」と訊きまくります。要するに、平凡で理想に近いと思っていた自分の家が実はとんでもないものだった。だから他の家はどうなんだろうと興味を持ったのですね。患者さんの世界は明らかに広がっていました。それでも、体重には相変わらず変化がありません。

今度は第3回です。相変わらず、甲高い声でお母さんがお父さんを責め立てています。「あれも、これも」と父親のミスを自宅で列記してこられたのでしょう。すると、今度は患者さんが突然、お父さんから、同年輩である親戚の女の子、いとこのS子と差別されたという経験を想起し始めます。お父さんもお母さんも大したことはないと思っていたし、本人の意識にのぼったこともなかった過去の出来事です。

どういうことかというと、お父さんが患者さんといとこのS子を海水浴に連れて行ったことがあるのです。そうしたら大波が来て、S子と患者さんが一瞬、波にさらわれた。浅いところでしたから、まあそこで転んだという程度です。そうするとお父さんが急いでやって来て、まずS子を救い上げたのです。預かった他所の子どもですから当然の対応でしょう。

ところが、そのことが（過去の）患者さんにはすごくショックだったようです。設えた「食卓」の場で、忘却されていたそんな感情を思い出して、患者さんは突然泣き出します。お母さんも、もらい泣きする羽目に。そして、このセッションの後、患者さんは「お父さんに対する考え方が変わった、家へ帰ってもどう接していいのか分からない」と病棟で、さらにはまた「お父さんの接し方はどこか演技している、それを訴えたかったんだけれど、怖くて言えなかった」とボクに語りました。

4回目。こうなったらもう話の流れに沿います。そのS子さんを呼ぶことにしました。当時の状況を聴く機会を設けたわけです。新しい、注目すべき事実はなく、殊更、進展はありませんでした。

次の5回目は再び核家族だけで行ないました。今までほとんど、お母さんがお父さんを責め立て患者さんはうつむいているという図式だったのが、患者さんとお父さんが急に打ち解けて話し始め、お母さんが黙っている場面が目立つようになりました。終わったあと、お父さんは「演技でなく、自然に話ができるようになった」と感想を述べます。お母さんは「お父さんと娘のあいだに入っていけない」と語ります。このときから、僅かではありますが、家族の関係に変化の兆しが見え始めた、とボクには思えました。

特に大きな介入をした訳ではないのに、家族全体の図式、ミニューチンのいう「構造」が変わってきたようにみえます。患者さんは「いい雰囲気で、言いたいことが言える」と話していました。また、「（5回目が）

終わってから、醒めた目で両親を見ることができた、現実を見つめるようになった」とも言語化しています。それだけではありません。驚くようなことが起きたのです。ある「モノ」が著しく変化したのです。ここまで読んでいただいた皆さんなら、それは何だか、もちろんお分かりでしょう。

◉動き出した体重

その「モノ」とは体重です。「モノ」でも神経性やせ症の家族にとってもっとも重要な指標になる代物です。ここで、1と𝟙との違い、あるいは1＋1＋1＝𝟙＝3＋α、というすでに説明した方程式を思い出してください。

神経性やせ症の患者さんを抱える家族にとって、「体重」とはどのようなものでしょう。あなたが今朝、体重計に乗ったら51kgだったとします。神経性やせ症、それも筋金入りの神経性やせ症患者さんにとっての「体重」はそんな本来の数値とはかけ離れています。

ふつうの体重なら娘何kg、父何kg、母何kgで家族の合計体重が算出できます。1＋1＋1＝3になるだけです。ところが神経性やせ症の患者さんの場合、1（患者）が、1（父）や1（母）とは違った効力を発揮します。その結果1＋1＋1＝3＋αとすると、1（患者）が強力なαとなって、1（患者）に衆目が集まり、1（父）や1（母）は無効化されているのです。

簡単にまとめれば、患者さんの体重こそが、家族全体を操縦する。単なる数値を超えた、αそのものだということなのです。

症例に戻りましょう。このとき何が起きたのか。そう、2年間ずっと変わらなかった体重が、2週間で5kg増えていたのです。病棟では、この時期、患者が米飯を捨てているのが発見されました。これがなぜ重要なのでしょう。今までも訊ねられれば「食べている」と言うし、病棟に吊るしてある、どのくらい食べられたかを患者全員が各自で記入する自己申告メモでは、「全量」に丸を付けていましたが、幾度も言うように、体重は正直なのです。体重が微塵も増えていないなら食べてはいないわけです。つまり、どこかで捨てていたのです。非常に巧妙に処理していたのでしょう。露呈しなかったのです。だから、この発見は、患者さんもぼろを出すようになった、張り詰めた緊張が緩んで来た、という理由で重要なのです。

もうひとつ、重要な変化が見られました。一週間に一回、病棟で、入院患者のほとんどが出席する絵画療法のセッションがあるのですが、そのときに初めて、がりがりに痩せた自分の絵を描くようになったのです。それまでは、最初に述べたように、常に豊満な自己像を描いていました。

ここで患者さんの拒食は終わりました。ところが、それが今度は過食・嘔吐が登場します。過食というものは、こういう筋金入りの神経性やせ症の場合は、治療の副作用として出ることも多いのです。先述したようにこれは歓迎すべきことなのですが、食欲がコントロールできず、食べるだけ食べて、すぐ吐いてしまうという状態になり、患者さんが購入した食べ物の一覧表を見ると、一カ月十万円にも上っていました。

先ほど申しましたように、NHKの番組で治療後の患者さんにインタビューした貴重な記録がありますから、この時期を述懐した、過食に関する話を引用してみましょう。

患者　胃に何でもかんでも詰め込んじゃって、で、詰め込んじゃうと安心するんですけど、今度は太るのが嫌だから、それを出さなきゃと思うから、吐いたりするんですよね。

レポーター　どうやって吐くの？

患者　ああ、水を多く飲んだりとか。そうすると、胃が膨張しちゃうから、嫌でも外に出ちゃうわけですよね。で、吐ききっちゃうと、今度それで安心しちゃうんです。で、その繰り返しをずっとしていますから。その悪循環で、どんどんどんどんまた自分が落ち込んでいっちゃって。自分いじめなんですよね、絶対。

◉「過食する」の主語を変える

体重が増え始めたからと言って、家族全体への治療はまだ終わりません。懲りないボクたちは、ここで新しい形の治療を発案します。それは8回目の治療から導入されました。仰天される向きもあるでしょう、過食の症状が治らない娘の前で、母親が無理矢理食べる演技をするという方法が始まったのです。

家族は新幹線で来られていましたから、駅弁を十個くらい買ってきてもらったんですね。お母さんには予め胃薬を飲んでおいてもらって。それにしても、この大芝居。こちらの食欲も失せるような経験ではありました（因果関係の立証は無理でしょうが、この時期、ボクは胃潰瘍になっています）。ただ、この程度過激にしないと事態は変わらないことも確かです。TV番組では、ディナー・セッションにおいて、母親がすごい勢いで弁当を食べている様子が映し出されています。番組で母親はこの時のことを次のように回想しています。

母親　すごくつらかったけど、治るんなら、あの子のためになるんなら（駅弁を）いくつでも食べようと思いました、本当に、それはそうです、もう絶対に。何でもあの子のことしかなかったんですよ、治るんなら、治れば、どんなことでもできると思って。

まあ、お母さんにしてみれば、お母さんもあまり胃腸が逞しいほうでもない。苦しいけれども、母親の役割を全うしようとされたわけです。このシーンだけ見せると、こんなことが許されるのかというような感じで受け取られると思います。居合わせた周囲は凄い衝撃を受けます。患者さんもそうでした。その場から居たたまれなくて逃げ出します。それで、お母さんにこんなことをさせるくらいだったら、自分から過食をやめると患者さんはその場で宣言したのですね。それから過食はぴたりと止まりました。

後から考えてみますと、ちょうど自分の姿を鏡に映して見ているようなメカニズムのようなものが患者さんのなかで働いたのではないでしょうか。幸い、この過激な治療への患者さんの述懐も残っています。

患者　なんでこんなに親をいじめなきゃならないのかと思いましたから。それでまた、それを親が拒否するんじゃなくて、やりましたからね。何か、わたしだったら、もし、わたしが親の立場だったら、分かりませんけど、子どもはいないから。でもやらないと思いました。母親がかわいそうになっちゃったんですね、ものすごく。つらかったです。

治療が終わってからの父親へのインタビューもあります。

父親　私自身も変わったと思います。それまでは自分の子どものこととかは放っておくようなとこ、ありましたからね。今は割と、話をよく聞いてから言ってやろうかなという気にはなりましたね。だからこう、ひとりの人間、ひとりの大人として、こう、話をやり取りできるようになりましたねえ。ええ。

インタビューでは、患者さん自身も述懐しています。

患者　何がきっかけと言われると、ほんと分かんないんですけどね、ただ、家族ぐるみの治療を始めてみて、頼るばかりだった親のことを考えるようになったからだと思いますし。今まで鏡を見ても、自分のことを細いと思わなかったから。何でだか理由は分かりませんけど、見れば、「ああ、何て痩せているんだろう」と思うようになりましたから、そこのところで、自分自身も変わったなと思いました。

患者さんは、その後40kg台を維持して、国立大学の建築科へ進学しました。

以上、ボクが手がけた、モノとしての「食卓」を利用した、第一例の治療経過ですが、対象は入院の患者さんでした。そして、この症例の場合、当初、家庭では現実の「食卓」はもう成立していませんでした。

6 症例研究——神経性やせ症前思春期の少女での「食べない」演技

◉「食卓」利用、もうひとつの方式

次の症例も、同じく神経性やせ症です。外来で扱い、家庭ではまだ「食卓」が機能していましたし、年齢も若く、性格も素直、「筋金入り」というほどの重症ではありません。主役は前思春期の少女。ここでは河岸を変えた形で、「食卓」の利用がどのように進められるのかを、もう少し詳しく説明することになります。

第1回に参加した家族は、弟、お母さん、お父さんです。これで全員です。患者さんは、このとき、少しは食べるようになっていました。しかし体重はまだまだ低いところで横這い状態（もうお分かりでしょうが体重増加が怖くカロリーの供給と消費を相殺しているのです）。

そこで、もっと状態が改善するかもしれないと考え、この子どもに「食べない演技を、お父さん、お母さんの前でしてごらん」と要求したわけです。そして演技をしながら、「お父さんとお母さんがどういうことを言うかよく見てごらん」と指示しておきました。つまり今まで、周囲によって症状とされていた自分の言動を演技してみる、ということなのです。また、お父さんお母さんにはさしあたり、この方針を伏せておきました。

この子はもともと親の言うことをよく守る子どもでした。ところが「そういう演技をしてごらん」と言われるや、「やるやる」と非常に乗り気です。極端な言い方をすれば、このとき初めて、自分が依存している親

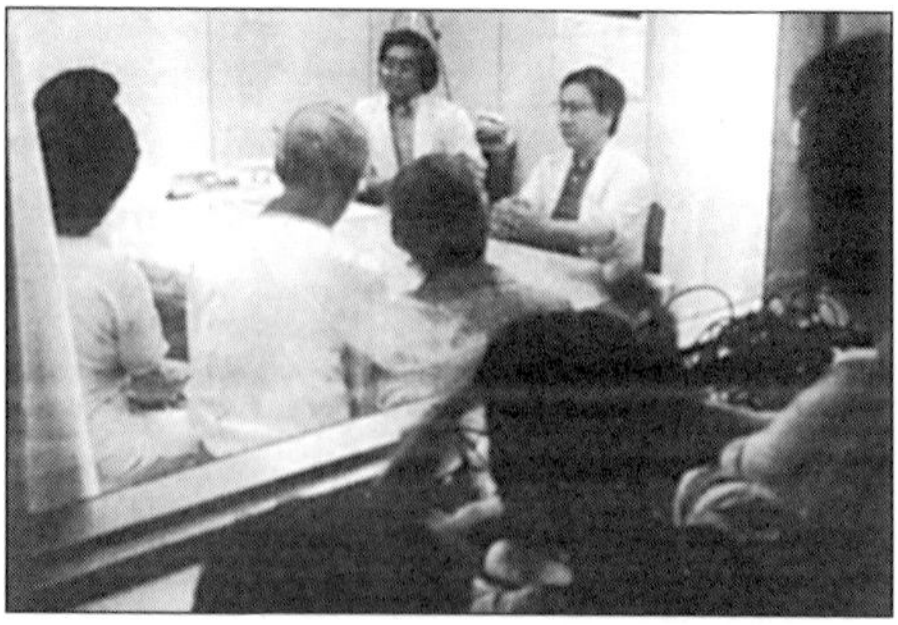

図4-5

を裏切ることができたことになるのでしょう。もちろん、そのような演技は、「親があっても子が育つ」に基づいた、こちらからの提案でした。その後の展開を考えると、患者さんには一見おふざけのようでも、けっこうインパクトの大きい出来事だったようです。

この時点でお父さんとお母さんはどう振る舞ったのか。おふたりとも最初は、ふつうに食べていましたけれども、お母さんの方が、子どもの様子を見て、だんだん気になってきたように見えました。お父さんははじめ気付きませんでしたが、お母さんの何かためらっているような行動を見て、事態を悟ったようです。

娘が食べないことに対するお母さんの配慮が、かつての、無理矢理食べさせるというのとは違い、どうも他人の目を意識しているような行動でしたので、隣の部屋——食卓が設置された診察室とはマジックミラーで隔てられていて、そこにも治療チームの幾人かがいます（図4-5）——から電話で指示を出したのです。その指示とは「お母さんが以前勧めていたように、つまり、娘が食べなかったときに勧めたように、娘にもっと食べるように勧めてみてください」でした。

このとき、両親は何を考えていたのでしょう。誰にでも分かるようなことです。そう、娘が再発したのではないかという危惧です。それがあるのでお母さんは強い不安に駆られ、「(娘に) 以前 (食事を) 勧めていたよう」な、過去の繰り返しをさせる演技の要請には率直に真剣に応じきれなかったのだと思います。

せっかく少し食べ始めたのに、今また悪い状態の時に戻ってしまったとしたらと、子どもを案じる親として戸惑うのは当然でしょう。

親がピンチなのと裏腹に、娘さんは平然と自力で演技を続けます。箸で食べ物を遊んだり、移したり、食べるふりをします。実際、そういうことを神経性やせ症のヒトはするのです。仲間内で「偽食」と命名し、面白い行動パターンだなあと思っていました。純情で真面目な治療者にはなかなか食べていないと分かりません。親もそうなのでしょう。

余談ですが、「偽食」の他にも食物にまつわるさまざまな奇異行動が神経性やせ症にはみられます。万引きは多いです。空腹に駆られての衝動行為という説があります。ヒトに食べさせます。たとえば妹を肥らせようと懸命に食を勧めるのです。ペットの体重が急速に増加するというのも同じです。昼の弁当は、朝、自分で作りたがって、少ない量を自分で詰めて持って行きます。食べ物を貯めておいたりもします。親が家（あるいはスタッフが病院患者さんの自室）を掃除しますと、窓とカーテンとの隙間などからビニール袋に入った食べ物がいっぱい出てきたりします。

さて、話を戻しまして、さきほど言いましたように、ここで家族と一緒に居た治療者を隣の部屋に電話で呼び寄せます。核家族だけになるのです。そうしますと、お父さんの態度が豹変。娘を見ながら、お母さんの方を向いて攻撃を仕掛けます。「どうして食べないんだ」と言い出したわけです。つまり、まあこれはどの家にでもあることでしょうけれども、非常に体面を気にするお父さんなのですね。

ここで、家族と共に居た治療者が隣の部屋から戻ってきます。実は食べないのは娘さんの演技であったということをばらします。そして患者さんはここで、演技を止め、食べ始めるわけです。

この後で、それぞれ親と子どもの感想を聞きましたところ、お父さんお母さんが言ったことは大体同じで

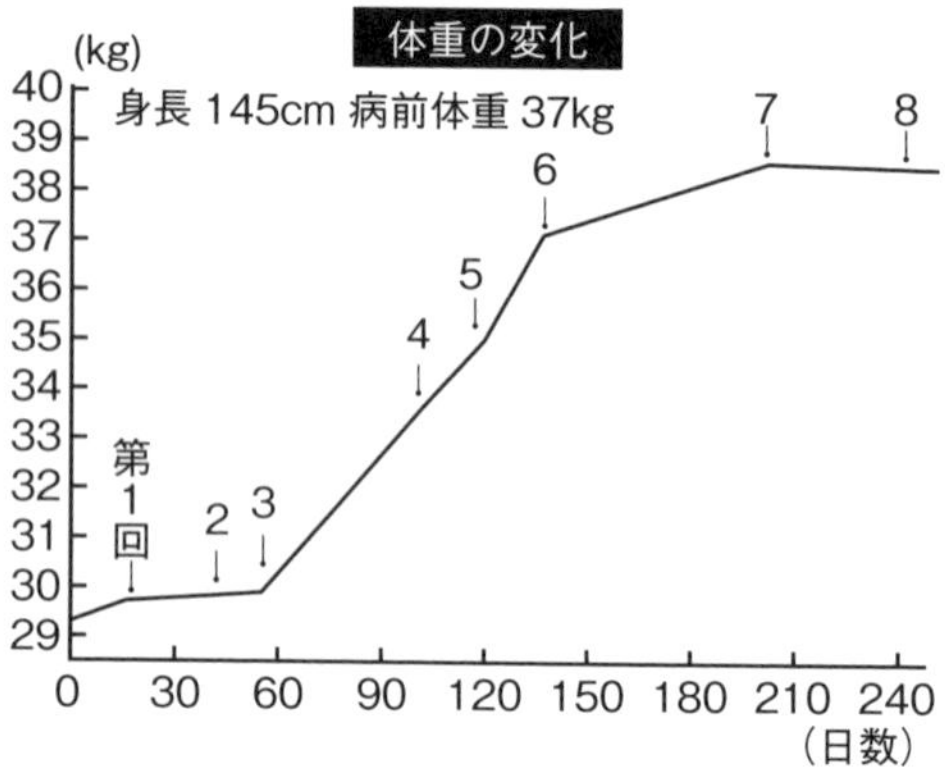

図4-6

した。「症状が悪かったときに子どもが食べなかった、食べない状態と、それから今、（医師に指示されて）食べない演技をしていたときの食べない状態と、全く区別がつかなかった」とのことです。患者さん本人の感想はといえば、「自分が食べないことでこんなに親が動揺するとは思わなかった」でした。つまり、症状として意識しないでやっていた自分の行動の影響を客観視することはできなかったのです。

それと同時にもう一つ、この患者さんが述べたことで最も重要だとボクが思ったことは、どのようなことだったのでしょうか。

この言葉には、ボクはもちろん、居合わせたスタッフ全員が感動しました。この面接、つまり食べない演技をするという面接を行なったときに「はじめて空腹感を覚えた」と患者さんは述べたのです。

神経性やせ症は拒食症ともいわれますが、正しい表現ではないとボクは考えます（最新のＤＳＭ－５でも「拒否」という表現は削除）。なぜなら、症例を多く診ると、実際には患者さんの食への思いは揺れています。猛烈な空腹を覚えることも実際に食欲が湧かないこともあるわけです。

結局、このお父さんやお母さんや患者さんの感想は、いかに子どもの食行動によって親が振り回されていたか、また、子どもの食べない症状が（自然であろうと演技であろうと）いかにチカラを持っていたかということを物語っていると同時に、家族のあり方は実に食欲に影響を与えるものであるということを、よく理解できました。

この、空腹感を覚えた、食べない演技をした3回目の面接以降、体重は増えて、病前に復しています（図4-6）。

7 「食卓」利用の2症例でのアプローチを図解してみる

神経性やせ症の2症例を対比して紹介するのは、このふたつが治療もしくは治癒でのそれぞれのパターン、その典型と考えたからです。

図4-7をご覧ください。

病気について、一般に、何か原因があって症状が出てくるとしましょう。そして原因がなくなれば症状も消失し病気も治癒する。ところが、これは理想のあり方であって、そんなに簡単に解決する病気など世の中にはほとんどありません。たとえば軽い骨折程度であれば本人が、自分の反応として、病院を受診して適切な処置を受け、自分でも無理をしないようにすれば、治癒に結びつきます。しかし、もっと重症だったり、治療法が無かったり、慢性化しやすい種類だったりする場合だと、ときに自分の反応（薬を飲まない、不規則な生活をするなど）が病気を長引かせたりすることが往々にしてあるわけです。ただ今お話しした神経性やせ症の場合もこのことは当てはまります。

神経性やせ症で「自分の反応」が病気に悪く働くという場合、「自分の反応」とはどんなものなのでしょう。ここまで読み進まれた方な

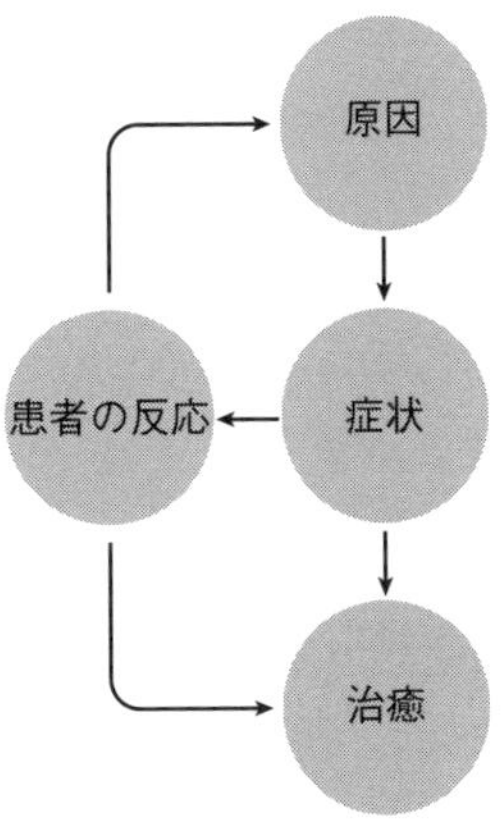

図4-7

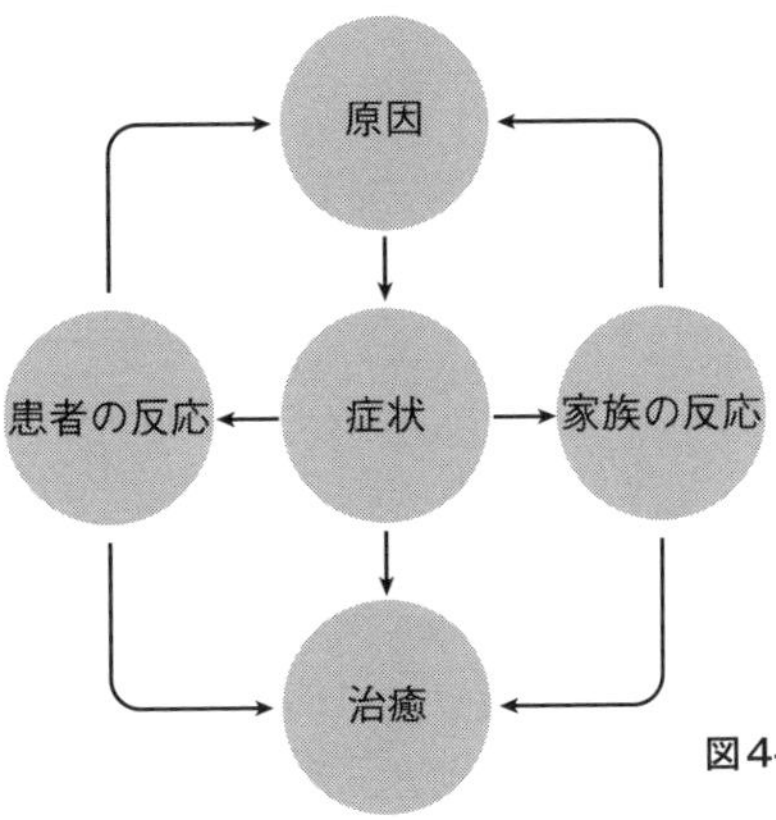

図4-8

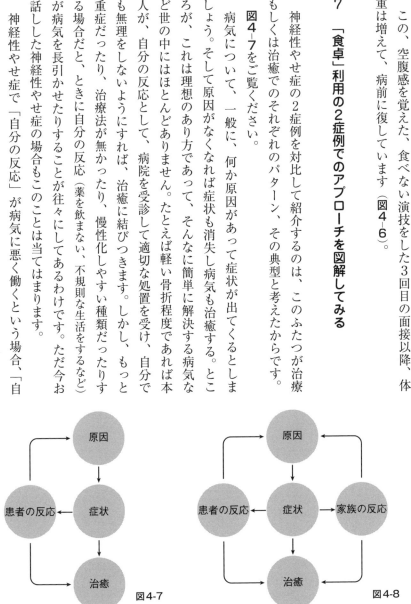

ら即座にお分かりでしょう。食べない、まだまだ肥っていると思う、運動する。まだまだいくつも挙げられるでしょう。

さて、患者さんひとりではなく、ここに家族が絡んで来るとどうなるでしょう。**図4-8**（前頁）をご覧ください。軽症で治癒しやすい病気なら、家族の反応として、病院受診を推奨したり、病院に同伴したり、仕事を肩代わりしたりという形で、治癒に加担はしても悪化は回避する方向に働くことでしょう。神経性やせ症の場合はもっともっと複雑です。

神経性やせ症は一つの原因で起きる病気ではなく、何らかの脳の問題があるとしても、今の医学ではまだ分からないので、心理上のメカニズムについてさまざまな研究者や臨床家が百家争鳴のごとく自説を強調しています。また、家族という面から見ても同様です、ある非常に病理性の高い家庭だったら神経性やせ症を輩出するというパターンもないのです。

8　神経性やせ症でのサークル

それでは、今のような神経性やせ症の家族で、現実に何が起こっているのでしょう。まず、出発点である患者さんの症状を「食べない」として考えます。**図4-9**をご覧ください。患者さんは食べない、やせる、食行動を心配したり低体重を懸念したりする家族が食を勧める、過敏な患者さんのなかで肥満への恐怖が鼓舞される。そして、いよいよ食べなくなったり最低限しか摂ろうとしなかったりする。食べない症状はいっそう増強され、やせは進捗する、あるいは極度の低体重が維持される。

どうでしょうか。このように考えると、一家の成員たちの諸言動がワープを形成していませんか。このワープをどう呼ぶかご存知ですよね。そう「悪循環」です。ある悪い状態が他の悪い状態を生みだし後者がまた前者を悪化させる、あるいは一つの困難を解決するとそれによってまた別の困難が生まれるような過程のことです。「循環論法」と言われるように、新しいものを作ろうとして古い材料を使うために起きるのです。Aという言葉の意味を知らないために辞書を引くと「Bのこと」と記載されている。Bという言葉の意味も分からず再び辞書を繙く。すると「Aのこと」と説明されている。辞書の存在価値はありませんね。

図4-9をもう少し簡潔にしてみますと、**図4-10**のようになります。この図であれば、「不食」と「食の勧め」という文言を抜いてしまえば、神経性やせ症以外にも適用できます。家族画のところで紹介した、母と娘との合同制作、鳥と鳥籠の絵を思い出してください。神経性やせ症とは病気の種類は違いますが、統合失調症の娘さんの場合も同じです。発症後動作が緩慢になってきた子どもにいらいらする母親。そして、娘は母親に責められいっそう緊張し、もっと対応に時間がかかるようになります。母娘の相互作用である悪循環がこれで説明できます。

9　家族成員の受け取り方を図解してみる

神経性やせ症を抱えるいまの家族、その凄絶さを物語る**図4-10**を

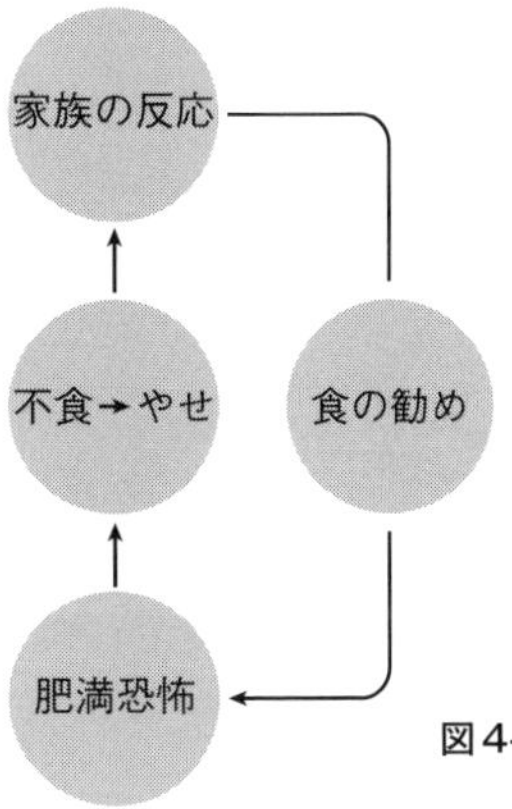

図4-9

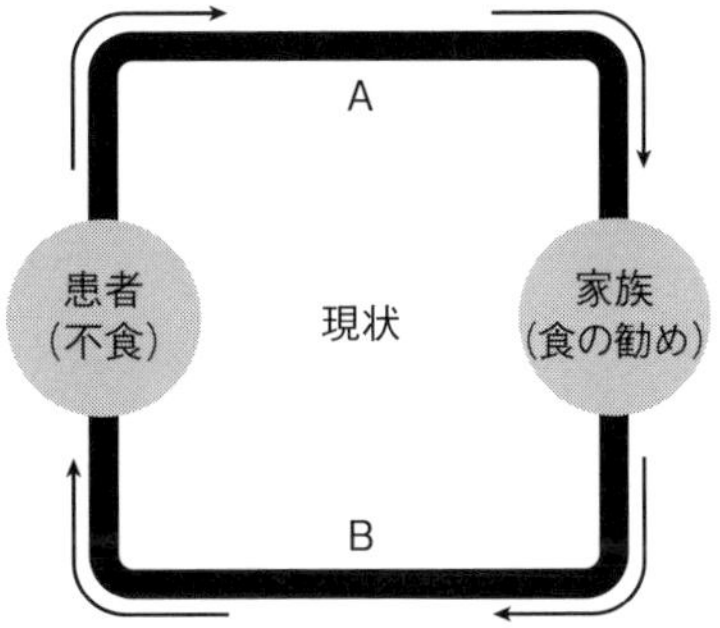

図4-10

もう一度ご覧ください。現状である、悪循環の流れ、そのなかにA、Bと記した通路が設けてあります。これはただ「現状」の描写に終始している図4-10には本来、必要の無い部分です。なぜこれを挿入したのか。図4-10から派生する図4-11、図4-12の理解を容易にするためです。

悪循環は「現状」ではありますが、家族成員それぞれに立ち返ってみると、人間というものは「現状」を否認してでも、己が一番可愛いという習性をもっています。そして、自分に都合のいいような物語を作り上げるのです。

図4-11をご覧ください。同じ「現実」でも患者さんと家族（この場合夫婦）とで受け取り方が異なります。家族は「家族が勧める→患者が食べない」という流れを切ってしまって、むしろ「患者が食べない→家族が勧める」という流れを繋げて、患者さんが食べないから私たちは食を勧める、と思い込みます。一方、患者さんのほうは、家族が勧めるから食べたくないんだ、と自分を正当化します。

10　悪循環回路に設けられたスイッチ

ここまで説明すれば、悪循環というのが「現実」であるのに、つまりもともと切れ目が皆無な回路なのに、それが解決できず持続すると、

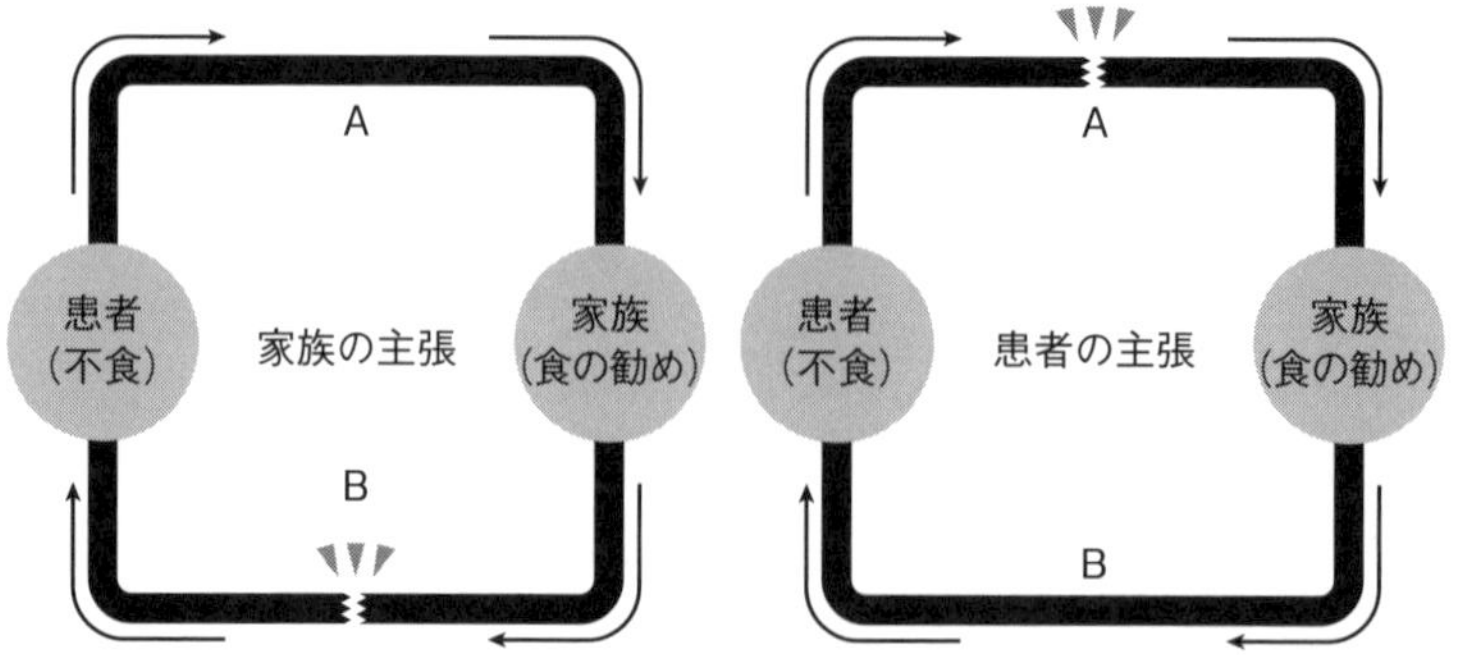

図4-11

各家族成員は自分勝手に恣意で回路を繋いだり切ったりするというのが、図4-11であるとお分かりでしょう。

そうなればA、Bはスイッチなのです。解釈の違いということです。このようなことは、皆さんの周りの親子間でもよく見られるのです。たとえば、勉強したくないという子どもと勉強しなさいと強要するお母さんというよくある状況。そこでは、子どもは「親が勉強しろ、勉強しろと言うからボクは勉強したくないんだ」と主張し、一方、親は「子どもが勉強しないから勧めるわけでちゃんと自主性をもってしてくれれば、そんなこと言わないわよ」と強調することを忘れません。こういう状況と全く同じ。これはまさに世の中のしくみというか集団の正常心理なわけです。

神経性やせ症という病態でも、こういうパターンが起きているということですね。そうした状況に対してわれわれがどういうアプローチをしたかを、2段階に分けて整理しておきましょう。図4-12をご覧ください。その前に、皆さん。これまでにやせ症は2ケースを提示し、それぞれが典型で二つに分類できると前に記していた件を思い出してください。

そして、図4-12での左右の図式。夫婦喧嘩の症例と食べない演技の症例はそれぞれ、どちらなのか、まずは考えてみてください。

親は親の主張をしながら、実際は患者さんが食べないということに

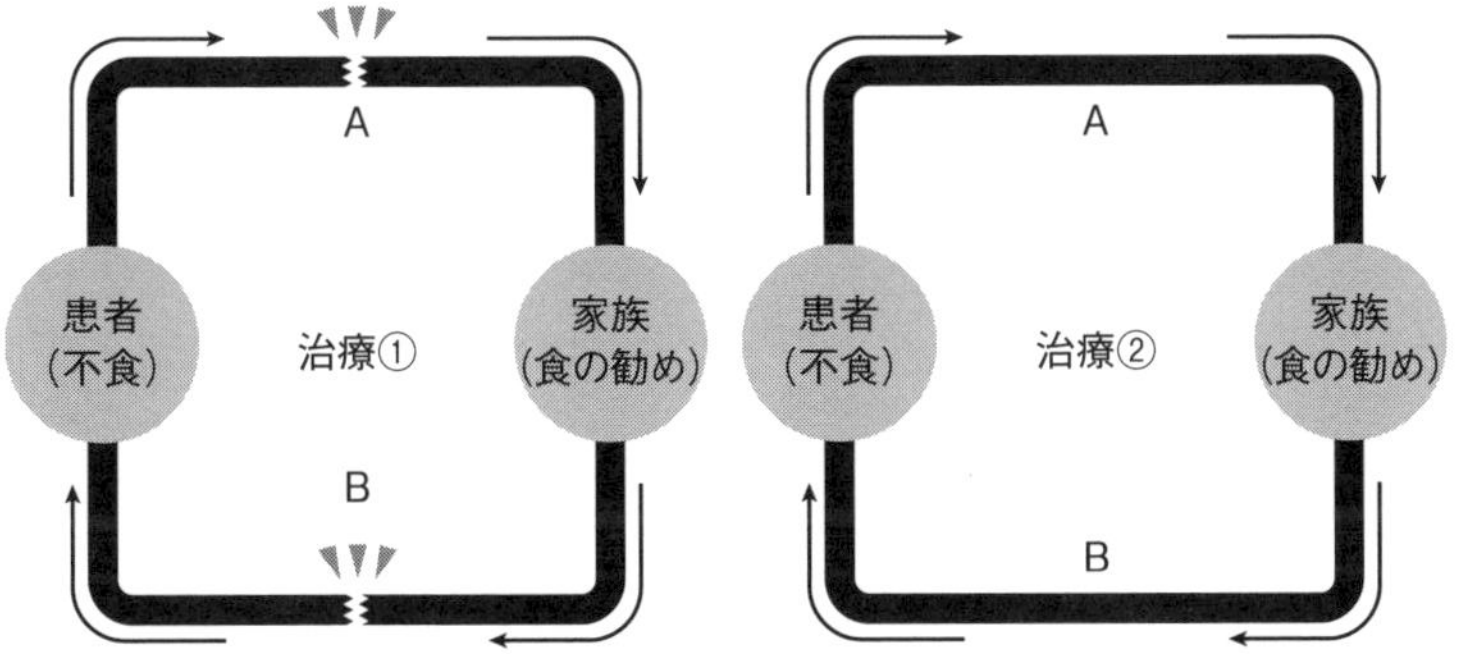

図4-12

釘付けになってしまっているわけです。そうなるとますます患者さんは食べない。これが現状、つまり**図4-10**、悪循環ですね。そのとき、両親に夫婦喧嘩をさせると、A、Bのオン・オフは、夫婦と患者さんのなかではそれぞれ、どう変わるのでしょう。

両親が夫婦喧嘩に熱中すると、「(患者さんが) 食べないということに釘付け」はどうなるのでしょう。「症状」のチカラというものを想定することがヒントです。

演技で、しかも一時の「熱中」ではありますが、夫婦喧嘩への没頭により両親は患者さんの症状から気が逸れます (したがって、Bはオフ)、また、同時に (患者さんが意識しているかいないかは別として) 食べないことで両親を引き付けていた患者さんのチカラがそのような夫婦に及ばなくなってしまうのです (したがって、Aもオフ)。「夫婦喧嘩」処方は、**図4-12**の左側 (治療①) だと決まります。

患者さんは自分が食べないことで両親の関心を一手に占有していたのに、自分を全く無視して、夫婦喧嘩が突如、始まる。今まで自分のことが中心だった両親が、夫婦として独立してしまって、自分をちっとも見てくれない。勝手に夫婦喧嘩に専念している。最初の章でお話しした世代間の断絶がここでできるわけですね。

患者さんが親子の境を越えて、特にお母さんとくっついていたのが、変わってくる。そのあいだにお父さんとの体験とかを思い出したりしていますが、患者さんの「こころ」の揺れはここでは取り上げず、もっと単純に、家族の何が変わったかという点で見ると、母親と娘のあいだのパイプが切れ夫婦間の線がつながる、ということになるのです。この2例を典型としていますから、これを第一の技法 (治療①) とします。

それに対して第二の技法はどのようなものなのでしょうか。**図4-12**での残り、すなわち右側 (治療②) がどうして、「食べない演技」症例なのでしょうか、先をお読みにならないで、ここでご一考いただけませんか。お分かりにならなければ、**図4-12**を、とくとご覧ください。以前に似た図式が登場したご記憶はありませんか。そう、現状（図4-10）と同じだとすぐにお分かりになるでしょう。では図4-10と図4-12とはどこが違うのでしょうか。

これはすぐにお分かりですね。図4-10は「自然」、図4-12の右側は「演技」という点で違うのです。そうすると、ノイズが本物を食うという表現もできます。どこかで自分を不安定にしている症状を意識して演じることで、その症状を乗り越える、ということになるのでしょうか。「自然」と「演技」との微妙な違い、それがどのようなものかは、まさにその点を明らかにしてくれた、また別の神経性過食症の症例があり、以降の「第六章〝演技〟の台本」のところで触れます。楽しみにお待ちください。

そして、この「演技」は、家族画でも食卓でもない、新しい「モノ」を使うことで特異な領域に照準を合わせ、さらに大きな効果を発揮します。次章で、具体例をまじえて、改めて考察していきましょう。

横道に逸れますが、我が国での伝統ある心理療法、森田療法のメカニズムもボクの視点では、これらの図から説明可能です。『目でみる森田療法』（仮題）という本を近いうちに書き下ろすつもりです。

第五章 モノとしての「体重」、そのものを利用した症例

1 神経性やせ症の個人病理――これまで報告されてきた特徴

ここで、少し紙幅を割いて、やせ症を抱える個人の病理に関して展望してみましょう。

生物学寄りの見方としては、セット・ポイント説があります。すなわち、体重にはもともと点（値）が設定されていて、摂食と運動による増減によってそれを維持しています。ところが、正常者よりも低い位置にセット・ポイントがあり、それを変えないよう摂食と運動とで調整しているという説です。

実験心理学寄りの見方では、メンタルに健康な人でも飢餓状態に陥ると、食物への固着や強迫行為が出現するとしています。

精神病理学寄りの見方では、対人関係の障害や成熟への拒否、患者の母親との関係・父親との関係といった問題が示唆されています。

社会病理寄りの見方では、近年の増加は、とくに社会による価値観や美意識が反映されたものだとしています。

現在のところ、単一の病理で神経性やせ症の発生は説明できません。こうした病因が実在するとしたら、現実にはそのすべてが重複した形で関係しているという指摘もあります。

2　神経性やせ症の家族病理――これまで報告されてきた特徴

◉直線因果律

　神経性やせ症を抱える家族の問題点については、ラセーグ（Lasègue, 1873）による「まわりの人々が深く病気にかかわっているので、患者の観察だけでは病気の扱いを誤る」との勧告とか、ガル（Gull, 1874）やシャルコー（Charcot, 1889）による患者を家族から引き離す重要性とかが指摘されてきました。

　その後、１９５０年代に、母親の過保護やそのための患者の自立性欠如・依存傾向に着目、生育史上の母子関係が重視されはじめました。また、父親の特徴も云々されます。わが国でも家族の特性については、患者はひとり娘か同胞中唯一の女子であることが多く、家庭は父親が溺愛・放任主義であるのに対し母親は干渉・支配型であり、患者は母親に対して一方では依存し他方では反発する葛藤を抱いていることが多いのだと。

　図５-１をご覧ください。右側の二つの図は、一つのあるいはいくつかの原因から一つの結果が生じるという直線因果関係に相当します。この説は、各国で流行しました。子どもへの最大の影響力をもつ両親、特に母親が子どもの病気を作るという説

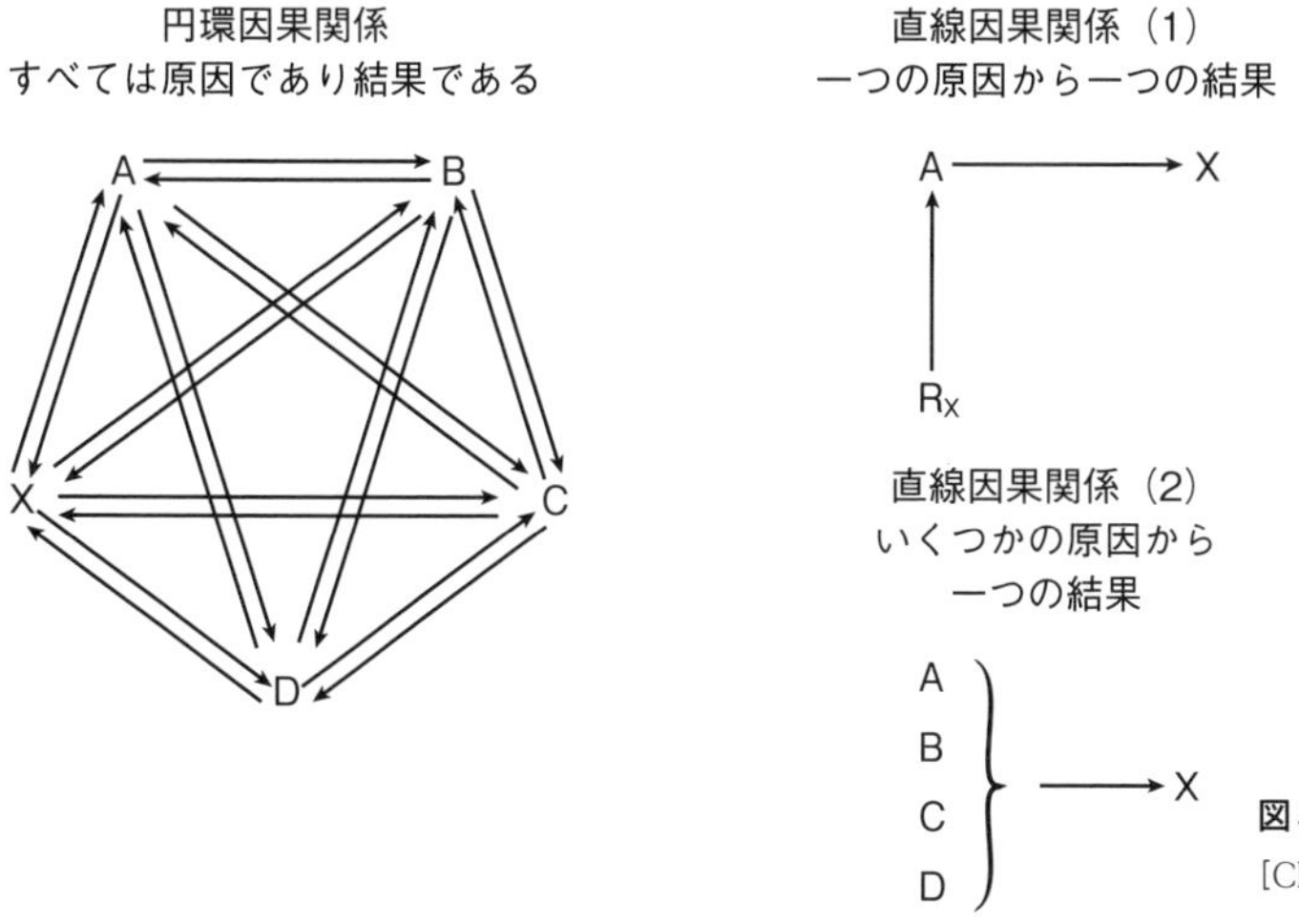

図5-1
[Christie-Steely, 1981]

は人口に膾炙《かいしゃ》しやすく、家族内の特定の成員を責める本はよく売れます。責められている立場の当人が買うのでしょうね。人間は未来の設計よりも過去の反省を得意とするからです。昨今、母原病、父原病といった単純な論調は表舞台では通用しません。現在、こころの病気とされているものの多くは、その背景があまりにも複雑であると考えられるようになり、「いくつかの原因から一つの結果が生じるという直線因果関係」の形は取りながら、バイオ・サイコ・ソーシャルという見映えの良い言葉で、究明できていない「原因」を明示しています。

◉円環因果律

病気生成の原因と、持続の原因は別であるという考え方も同時に出てきましたが、恒常性*を有する一単位として家族を捉える見方は、1960年代半ばから登場します。家族のなかで、ある個人がこころの病気になることは、家族のもつ恒常性が働いているからという考え方が出てきたのは、当時定着しつつあった一般システム論の影響です。患者とよばれる人たちは、その個人が問題なのではなく、所属している家族が病んでいて、そのことを代表しているにすぎない。しかし、家族といっても親など誰かに特定してもまた同じことになるので、家族全体を治療対象とするべきであるというわけです。現在でも臨床場面では多用されています。

図5-1の左側をご覧ください。家庭は、家族成員の相互関係が繰り返し学習される場です。直線因果律の関係、つまりひとり親だけの影響を子どもが受けることはあり得ないのです。しかもひとり親が子どもに与えた一つの働きかけだけを取り出してみても、その働きかけに対する子どもの反応が母親にフィードバックされるはずです。母子の共生関係（べったり）の裏には、父親との夫婦間の問題があったり、兄弟げんかの陰には、それぞれの親の代理戦争があったりなど、交錯した家族模様は枚挙にいとまがありません。結局、

家族は実際には各個人の寄せ集めでなく「単位」として機能していると見なす、というより見なさざるを得なくなったのです。それなら丸ごと扱おうという提言が円環因果関係という見方です。

訳が分からないので十把一絡げにしてしまえと判断される融通が効く方なら問題は無いんですが、想定概念にすぎない「家族システム」や「家族構造」をあたかも事物として存在しているかのように錯覚される若い勉強家がもし居られたら、ボクは「『家族システム』や『家族構造』の『せい』にして治療すると考えたらいいんですよ」と助言します。

3　家族システム・モデルを利用した治療

こうした「一般システム論」の家族バージョンにあたる家族システム論に基づき、やせ症への接近を試みたのは、すでに紹介した米国フィラデルフィアのミニューチン（Minuchin,S.）、それにイタリアはミラノのセルビニ・パラツォーリ（Selvini Palazzoli, M.）です。

ミニューチンの家族療法は構造式アプローチとして知られています。精神科医ミニューチン、小児科医ベーカー（Baker, L.）、研究主任ロスマン（Rosman, B.）のチームは、心身症の子どもを抱える家族をシステム・モデルとみなして治療を行なったのですが、50人のやせ症の86％に効果（2～7年の追跡調査による）を見出したようです。

このシステム・モデルでは、心身症を引き起こし持続させるような構造を持つとされた家族を想定してい

＊　生体がさまざまな環境の変化に対応して、内部状態を一定に保って生存を維持する現象。また、その状態。暑くなったら汗をかいて体温を調節するなどがその例。動物では神経やホルモンによって行なわれる。ホメオスタシス。

ます。ミニューチンもパラツォーリも、子どもの心身症は家族の恒常性を維持するうえで重要な役割を果たすと考えているわけですから、子どもだけを切り離して扱うのではなく、（症状を持続させるような）家族成員間の相互作用のパターンを変化させるよう、働きかけたのです。

ここでいう「心身症家族」は、当初はやせ症ではなく若年性糖尿病の研究によって見出されました。一部の同症患者が病院あるいは施設から家庭へもどったとき、心理ストレスに由来すると考えられる血中遊離脂肪酸の急激な上昇を伴う糖尿病性アシドーシスが頻回に起こるのが観察されたのです。そこでこれらの症例の家族を、こうしたことのみられない若年性糖尿病を抱える家族や神経性やせ症を抱える家族と比較しました。その結果、こうしたことのみられない糖尿病家族とは一致点がありませんでしたが、神経性やせ症の家族とのあいだに共通点が見出され、このような家族を「心身症家族」と称するようになったのです。

引き続いて、神経性やせ症の50家族への臨床研究が行なわれ、「心身症家族」の特徴としてつぎの4点が見出されました。これらの特徴は健康な家族にもみられ得るものではありますが、「心身症家族」ではきわめて顕著なようです。

（a）　**絡み合い**（enmeshment）家族成員が互いにまき込みあい、あまりにも緊密である。またサブ・システム（夫婦、子どもたち）にチカラがなく、親と子の境界が不鮮明である。各成員の自立性が育たず、子どもが親以上に親らしく機能したり、親のひとりと子どもが世代を超えて連合したりして、もうひとりの親に対抗し、互いがさらに緊張した関係になる。

（b）　**過保護**（overprotectiveness）家族ぐるみで、互いの幸福に過度の関心を示し合うこと。子どもには家族外への関心が育たず、家族を守る意識が強化される。

（c）　**変化に対する融通の利かなさ**（rigidity）母親が病気になったら父親が食事を作ったり、家族間で役割を配分したりといった、新たな環境変化への柔軟性がない。慣れた相互関係パターンに固執するあまり、子どもが成熟・自立したり、親が年をとったりという変化にも対応できない。

（d）**葛藤を解決できない**（inability to negotiate conflict）お互いが異なった見方を持っているという事実に直面できない、または、葛藤をもっていないと装うことで避ける。たとえば、子どもの病気を夫婦ともども心配することによって、両親間の葛藤を迂回させる。子どもの病気は持続せざるを得なくなる。

また、パラツォーリは、同じくシステム論家族療法の立場から、神経性無食欲症をもつ12家族のコミュニケーション・パターンを解析。その特徴を見出しました。①家族同士のあいだで、相手から送られるメッセージを拒否したり無視したりする、②両親のいずれもが主導権を取るのをいやがり、決定の責任を相手に押しつける、③家族の二者間の露骨な連合が、第三者に対する裏切りであるように振る舞われる、④家族成員は自己犠牲を強調することによって相手を責める、⑤表面上は円満な両親は、内実は幻滅し合い、しかもそれを解決したり承認したりすることもない。

以上のようなやせ症の家族システムについての仮説は、従来の家族病理に関する知見に比べて著しい飛躍が感じられます。より実践と結びついているからです。

ヒトというものは誰でも、家族の誰かの肩を持ったり、家族の誰かが特に理解できたりする関心や嗜好の偏った傾向を持ちやすいものです。治療に携わっておられない向きでも、たとえばあの家のお父さんは苦手だが、お母さんなら気が許せるというご経験がおありでしょう。ボクの経験から言える理想の治療は、そうした自分の特性をよく把握し、ときには家族病理を盾にお母さんを責め尽くし、途中でお父さんにも問題があることに気付きましたと平然と宣言して寝返り、そのあと「家族の誰もが悪くない」との方策に切り替え、最終段階では三方一両損でまとめるというものです。行き当たりばったりで良く言えば柔軟な対応ということになります。

その際、途中から（最初からそれをすると不自然になる）、「家族の誰もが悪くない」という方向性を維持するには、それぞれが異なる家族成員の「こころ」ではなく、全員に共通した「モノ」を媒介に介入することが重要であることは論を俟たず、これまで至る処で述べてきました。

上記のように対応した症例、しかも終始一貫して、患者さんにとっても家族にとってもこだわりの対象そのものである「体重」を媒介に介入した症例を提示します。これをお読みになれば、家族病理も家族療法も区別せず、状況に応じていいとこ取りすれば、それでよいのではないかという気持ちになられるのではないでしょうか。

4　症例研究――後妻と前妻家族との「体重」対決

◉頑張るほどに堂々巡りに陥る家族

家族の子どもへの愛情とか、子どもからの親への複雑な感情や確執は、「こころ」といわれる範疇に属していて、「モノ」としては考えないわけです。

「モノ」はもっと具体性がありすっきりしています。たとえば契約書。社長は社員をこれだけの給料で雇っているとか、すべき用務を箇条書きするとかを設けています。世間でいう「関係」はほとんどがそうです。ところが、子どもに症状や問題が出て、家族がまき込まれている関係では、いわゆる「みずくさい」契約書なぞ存在せず、関係そのものが割り切っては行なわれていません。

「みずくさくない」家族は、美しいのですが、一方では雑音の宝庫です。言葉のやり取りでも、ひとつの言葉に多くの意味が含まれていたり、肝心のメッセージは非常に複雑に幾重にも隠蔽されていたりする。子どもが親を憎んでいるといっても親を捨てることはできないという気持ちがあったりして、交通整理がしにくい状況にあるのです。

そんなとき、親子のあいだでの「モノ」の交換に徹すると、却って事態がうまくいくことがあります。社会でも同じことで、離婚とか、何かを損壊して訴えられるというようなときに、慰謝料とか　弁償金というものが世の中になかったら、ものすごく煩雑で厄介で終焉のないことになってしまいますね。「こころ」つまり、愛情とか遺恨とかは形にならないので、訴訟もできないし、一生お互いに不快な影響が残る。でも、「お金では割り切れないわ」とか言いながら、弁護士が付いて慰謝料や弁償金がひょっこり顔を出した途端、事態はスムーズにいってお互いに後腐れがないというようなことが世間ではままあって、その辺が人間社会というものの不可思議なところです。ここは、家族からいったん離れたので復習ではありません。雑談です。

だからこそ、道具を使うようにこころを「モノ」に託すことが必要です。この考えを発展させていくと、男女の愛情というのも身体の交流がなければお互いの関係が妄想みたいになってしまうのではないか、だから身体という「モノ」があって初めて普通に付き合えるのではないかということも考えられるわけです。身体の関係というのは深い関係ではなくて、実は浅い表面上の関係であって、もし、本当に人間同士が深い関係だけでずっと進んでいったとしたら、ものすごく恐ろしい身動きできない世界になって、相互ストーカーというか、自分ひとりでいられる時間というのはほとんどなくなる、そういうふうに想念が発展していったりもしますが、それはもう雑談でも医学や心理学でもなく文学や宗教の世界ですから、これ以上はお話ししません。

◉モノとしての「体重」

さて、これからお話しするケースも神経性やせ症です。患者さんが男児であること、家族がステップ・

ファミリーであることがこれまでとは違います。そして、伝家の宝刀たるモノとしては「体重」だけで治療を進めてみた症例です。

拒食と過食・嘔吐がみられた13歳の男子。体重は危険領域でした。お父さんと継母、それと姉の4人家族です。実母は、患者さんが小学校2年生のときに膵臓がんで亡くなっています。そして小学校3年生の終わり頃にお父さんは再婚しています。新しい母親も夫と死別後の再婚ですが、出産も子育ても経験がありません。

父親の見合いでの再婚は患者さんが小学校3年の終わり頃です。伴侶を失ったあと、お父さんは娘である患者さんの姉に家事をまかせていました。しかし、姉は姉で学校もあり大変なので、亡くなった前のお母さんの実家近くへ引っ越し、おばあちゃんに手伝ってもらっていたのです。ところが、前妻の祖父母とは、再婚後もいまだに密な交流があり、当初から（カルテをチラと見た時点から）この辺が一つの問題点ではありました。

小学校6年生になって、学校では何の問題もなく優秀な生徒であったこの男の子、あろうことか、お姉さんが「太る」といって主食の量を減らし始めた時期から、食事量が徐々に少なくなってきます。

公立の中学校に入学したあと、部活動は野球部を選びますが、食事量は減り続け、中学1年の7月上旬からは夕食後、トイレや洗面所で嘔吐。2学期の始まった頃には体重は8kgも減少し31kgに。その頃から、体育のある日は、朝になると登校を渋るようになりました。

このため、継母に連れられて内科開業医を受診。諸検査を受けますが異常は認められません。その後、小児科施設などを転々とするうちに、体重は4kg低下していました。3学期の1月、ボクたちのところに入院します。このとき、体重は27kg前後を推移していました。

図5-2

◉猫をかぶっている

入院後、体重が減っていて危険ですから、とりあえず、方針が決まるまで経鼻栄養（中心静脈栄養まではしていません）を施行。あるとき、奇妙な光景を目撃しました。面会に来た継母が患者さんに頬をすりよせるように顔を覗きこんで、話をしているのです。その様子が「どうも不自然だ」ということから、栄養補給は続けながら、早期に家族ぐるみの治療を導入しようと考えました。継母との面会後、主治医がそのことを話題にすると、患者は「（継母は）猫をかぶっている」と評しました。

◉複雑な継三世代

入院からまもなく（2月12日）、患者さんは1枚目の家族画（図5–2）を描いています。左上が父親、その下が自分。右上が母親で、その下が姉。父と息子、母と娘は同じ服です。漫画ふうというか、父親と患者は現実にはペアルックを着たこともないので、ファンタジーに富む絵です。「『家族』という題で絵を」という要請に、紙の表にも裏にも「FAMILY」と書いてありました。ここでもボクは母親–患者を含む家族の「不自然さ」を感じました。

継母は、見た限り、とても優しい、特に問題が感じられないヒトでした。ある程度大きいお姉さんのほうはともかく、この子はまだ小さいので、実の母親になりきろう、と懸命に頑張っているようにみえます。一方、実母の実家は、ひとり娘を失い、おじいさんとおばあさんだけになっていました。大事な孫の父親が再婚したことはうれしくもあり悲しくもありというところでしょう。自分たちとの縁が切れてしまうのではという不安もあるわけです。かといって、老体で孫のあらゆる面倒を見るのも負担が大きい。背景にはそういう、複雑な状況があったと推察されました。

◉継母に演技をするよう指示

家族を集めての面接では、合同家族画も「食卓」も設営していません。第1回（2月25日）には、両親、姉、患者が参加。家族に任せた座席配置から、患者は父親と、姉は継母と緊密であることがうかがわれました。また、患者を中心に、父親と姉とが話し合い、継母だけが加わらない場面も目立ちました。定石通り、患者さんの症状は家族にとって必要悪かもしれないということで、「何かこの、（患者さんの）症状が出たことで皆さんの役に立っていることはありませんか」と訊いてみましたが、反応はありません。

この回、継母は患者さんが入院してから前以上に甘えん坊になって、毎日のように電話があること、「今度面会のときにあれを買ってこい、これも持ってこい、これも持ってこい」と指図するようになった患者さんとの「接し方がわからない」と窮状を訴えました。継母は拒否ができないのです。拒否をすると自分が悪い母親みたいだし、かといって承諾もしない、買ってやると何かこの子を駄目にしてしまうのではという葛藤があるわけです。

そこで、とりあえず継母と患者の交流をみるために、次回のセッションまで、病棟の患者さんから電話で要求を受けたら一日おきに拒否と受諾で接するよう演技するという宿題を出すことにしました。月曜日に電話が来たら、これなら買ってやろうとか必要だろうとか思っても、全部、「駄目よ」と言い、火曜日にかかってきたら買ってやらないつもりでも「いいよ」って言う。自動販売機ですよ。全く感情が入りません。このようなはぐらかしは、親子の距離をとるのに優れた方法ですが、継母は指示に従う自信がなさそうです。

◉自動販売機、不発に終わる

第2回セッション（3月4日）では、継母は役割をうまく演じることができず、患者さんの訴えに対して、旧態依然として常にあいまいな返答をしていることがわかりました。それだけ深刻なのでしょう。役者になれるような継母ではなかったのです。

そこでボクは、これはかなり思い切った結果ですけれども、「血の繋がりはともかく、本当の親子ならば、拒否も肯定も演技できるはずである」という前提で、もう一度継母が電話で演技したうえで、「しょせん他人の子だと諦める」か「本当の親子になろうと今いっそう努力をする」かのどちらかに養育方針を決めてくるように継母に言い渡します。

◉他人の子だと諦める

第3回セッション（3月11日）では、継母は「他人の子だと諦める」と決意してきました。父親、姉の意見はどうだったのでしょう。ともに、そのほうが継母には自然である、「割り切って考えたらいいじゃないか」と述べます。皆さんは不思議に思うかもしれませんけれども、お父さんやお姉さんは、お母さんの様子を毎日目撃していて、よく状況が呑み込めているわけです。健康で自然な見方ですよね。

お母さんは神経症の状態。その症状は、皮肉なことにほとんどが努力や向上心によってでき上がっているわけです。理想や要求が高いとか何もかも巧くやろうという欲張りゆえに、神経症が起き、続いているわけです。なるようにしかならないと考えるようなヒトなら成りはしません。症状のほうで逃げていきます。この仕組み、一所懸命なご本人には分かりません。お父さんとかお姉さんとか、傍から見ているヒトには明々白々なのです。

そこで、面接の場で、父親が継母の演技指導を行ない、患者と玩具の電話を使用して、拒否型の接し方を練習。治療チームも、継母が患者を拒否する接し方のほうが自然に振る舞っているようにみえる、と結論づけます。

◉外泊で元の木阿弥

第4回セッション（3月18日）は、自宅への試験外泊後に行ないました。継母が不満気な表情をしているので、継母ひとりにして話を聞くと、継母は「（体重を含め、患者さんが）ちっとも変わっていなかった」と涙ぐみます。しかし、他にも葛藤がある様子だったので、患者さんと姉を治療室から出し、父親に入室してもらって夫婦関係に話題を移すと、継母には「夫とのあいだに人工授精してでも実の子どもが欲しい」という強い希望が結婚当初からあったことが明らかになりました。父親はこのことに対しては「子どもは天からの授かりものであると思う」と述べ、明確な意思表示をしません。患者さんが病気であり続ければ、両親には次の子どもどころではなく、「子どもを欲しくない、しかしいまの妻には申しわけない」という父親を援護する役割を、症状が果たしているとも考えられましたが、こちらから敢えて取り上げませんでした。子どもが登校しようとしないと、話が進んでいた夫婦の離婚が止まってしまうというような場合も、子どもは夫婦が別れないほうがいいと思っていて、そういう症状を出す、ということを指摘しないのと同じです。夫婦を責めることになってしまうからです。

この面接の翌日、患者さんは2枚目の家族画を描いています（図5-3）。左から自分、姉、父親、母親。「姉が一番親しみやすいから、隣に描いた。母さんは遠い所にいる」と説明しました。このときも裏に

図5-3

「FAMILY」と書いてあります。

◉継母もつらい立場にあった

第5回セッション（3月25日）は、夫婦だけの面接としました。その結果、継母は先妻の両親（患者の祖父母）から患者の養育に関して辛く当たられていることが分かりました。買い物に行って、近くでおばあさんに会ったりすると、「あの子はあんたが来てから病気になった」と露骨に言われるというのです。おばあさんにしてみれば、このお嫁さんを別に憎くはないのでしょう。しかし、自分の娘のことを思い出したり、孫のことをかわいそうだと考えたりするし、やはりどこかで世の中の「ままはは」というイメージがあるのかもしれません。嫁いびりではなくて、自分の娘の後釜いびり。それをやるのです。加えてお父さんの対応も悪かったと思います。お母さんが「あんな事を言われた、こんな事を言われた」と家で父親に泣いて漏らしても、お父さんの対応は風見鶏のようでした。つまり前の妻の実家にはずいぶん世話になっているわけですから、絶対に悪口は言わない。おじいさんおばあさんが何か言ってきたりすると「はい」と従ってあげたりする。お父さんは新しい奥さんにも良いことを言い、向こうのおばあさんにも胡麻を擂《す》る。そういう態度に継母は不満だったのです。

ここまで話が進んだ段階で患者さんを呼び、面接に入れました。新学期を迎える4月が近づくにつれ「新学期から学校に行きたい」と強く退院を希望したので、「いまの状態で家に帰すわけにはいかない」と言ったところ、患者さんは病棟から逃げたくて仕様がないわけです。「おじいさん、おばあさんの家から学校に通えば吐かないでやっていける。吐かなければ痩せない」と宣言。

次回は祖父母を加えて面接を行なうことにしました。ごく自然に舞台が三世代まで拡大していったわけです。

◉三世代で面接

第6回セッション（4月1日）には、先妻の両親である祖父母も加えて、6人が出席。老夫婦には、なぜ自分たちが参加しなければいけないのか、という面持ちが感じられます。祖父は、終始無口です。また、一見人当たりのよさそうな祖母が患者のことについて発言するとき、隣に座っていた姉が祖母を横睨みしていたのが目立ちました。

祖父母の言葉の端々に、患者さんがやせ症になったのは継母のせいだという非難が感じられました。驚いたことに、おばあさんおじいさんは公然と継母を責めているのです。そこで、ボクは「じゃあ、おじいさんおばあさんでこの子を育ててみてくださいよ、短期間でいいから」と、祖父母の家に患者さんを一週間外泊させて、体重がどう変わるかを見よう、と提案しました。おじいさんおばあさんにとっては歳を取っているので大変なことですけれども、継母のせいだと言った手前、それに一週間ということだから、引き受けざるを得ない羽目になったのです。

◉良かれ悪しかれ体重

1週間後の第7回セッション（4月8日）。祖父母も参加します。患者さんの体重33kgは一週間外泊して帰ってきた後、33・8kgになり、0・8kg増加していました。患者さんも勝手なもので、こんどは「祖父母の家より自宅の方が気楽でいい」と感想を言います。要するに、祖父母は責任を持たされるのであんまり甘やかさなかったんでしょうね。

ボクもこの齢になり、子どもと孫とは違うということがよく分かります。孫には責任が無いから可愛がって終わるのです。このおじいさんもおばあさんもこのまま孫が居着いてしまったら大変だとも思われたに相違ありません。

そこで、「今度は自宅に1週間外泊し、体重が0・8kg以上増加していれば継母の勝ち、それ以下であれば祖父母の勝ちとする」とし、継母が勝ったときには、祖父母は今後一年間、父母の家と、訪問、電話、手紙など一切連絡をとらないことを約束しました。祖父母が勝った場合には、三世代の交流は現状のままということにしました。

◉患者さんも風見鶏

かくして第8回セッション（4月15日）、三世代での参加です。ここで奇跡が起こります。次の回。体重は33・8kgが34・6kgに。0・8kg増えていたのです。面白いものですね。神経性やせ症の場合、自分の体重・栄養状態について体重計以上の正確さで把握していて、周囲に驚かれることがあります。そうした患者さんならではという結果でした。祖母と継母の競争のどちらにも加担せず、両者に気を使っているということなのでしょう。それは、父親の姿勢の写しであるとも考えられましたが、そのことは指摘していません。

1週間の外泊で、継母は、以前より率直に患者さんにものが言えると感想を述べました。常よりさらに緊張の日々だったのでしょう。かなり憔悴した様子も感じられました

結果は両成敗でしたし、そろそろ退院の時期が来ていると判断して、次のような課題を出します。「退院

したら（患者さんは）月曜日から金曜日までは、自宅から学校に通い、土曜・日曜は祖父母の家で過ごすこと。祖父母から父母の家には一切連絡をとらないこと、父母は、土日はできるだけ2人で外出して、2人の時間をつくること」という課題を出しました。こうすれば、祖父母も少ない負担で孫に会えます。お気付きでしょうが、この課題に含まれているのは、第一章でお話しした世代間の境界にあらためて線を引くことです。子どもと夫婦のあいだにも、夫婦とその前の代の夫婦のあいだにも区別を改めて設けたわけです。

◉本人の希望を汲み退院へ

体重は、こちらが十分満足のいく値までは回復していませんでしたが、最終セッションから9日後（4月24日）に退院としました。その際、患者個人と32kg未満となったら、再入院すると約束しています。家族全体へのアプローチは、この時点で、一応終結とし患者個人に対して、低体重でも安全域を維持し、あとは自身の気づきに委ねるという方針をとったわけです。

なお、退院前日（4月23日）に3枚目の家族画（**図5-4**）を描いています。以前の2枚と違って、裏には「家族」と書いてありました。左から、母親、自分、父親、姉。漫画風ではありますが、現実性を帯びた家族になっているように見受けられます。

患者さんと面談すると、「お母さんのことが気にならなくなった。明日退院だ。少し不安はあるが、『いつでも悪くなったら来い。また束縛してやる』といわれている。だから、気軽にやろうと思っている。前はちょっと幼稚だった。食べたくないと思っていたが、今はどうしたら食べられるようになるか考えるようになった」と説明するのでした。

その後、体重が次第に回復するだけでなく、嘔吐も消失し、学校に通っています。最終セッションの3カ月後、外来の時点で、患者の体重は40kgを超えました。

図5-4

◉まとめ

この症例の場合、合同家族画も食卓も使わないで、体重という数値だけを使って、得体の知れない複雑な「こころ」模様を単純化しています。精神科医は「こころ」を扱うと、実しやかによく言われていますが、「こころ」という状態なぞ、凡庸な能力と重厚でもない経験で、そう容易に垣間見えるものではありません。ですからボクの場合、「モノ」に換算しなおして「こころ」を扱うのです。

なお、補足ですが、この症例。最近、日本でも急速に増えていると言われるステップ・ファミリー*ですが、治療に関しては血縁家族が対象という場合と何ら変わりはありません。「親があっても子が育つ」の一本槍で手応えがあるのです。

* どちらかもしくは両方が子連れ再婚の夫婦がつくる家族。

第六章
演技の「台本」――キャンセラーのコツ

1 「実際の家族」は複数

ボクの神経性やせ症への治療ではほとんど、患者さん個人の内面、すなわち「こころ」の問題を扱っていません。またまた復習になりますが、個人の描いた家族画と合同家族画とでは表現されるものが違い、前者では今まで個人の深層心理といわれてきた思考パターンが、また後者には、家族全員の行動特性あるいは相互作用が表われると理解していただいたと思います。同じ「家族」でも、個人がイメージとして抱いている家族と現実の家族とでは、大きな差があります。精神分析のようなアプローチだとイメージとしての家族を、ソーシャルワークや家族療法では現実の家族を扱うわけです。

その患者さんのなかで内面化された家族イメージを扱う、本来の精神分析では、現実の家族そのものを扱うことを毛嫌いします。メラニー・クライン（Klein, M.）という、精神病や子どもの症例を扱うことでフロイトの理論を発展させていった高名な女性治療者は、子どもに精神分析をしているあいだに、その親が待合室の椅子に座っていることさえ拒んだと言われています。子どもの治療という場合、精神分析では現実の家族は重視せず、むしろ忌避します。子どものなかに取り入れられた母親、あるいは父親に着目して、それを変えていくのです。母親イメージ、父親イメージをいじるということになります。だから、現実の家族を変えるのはソーシャルワーカーの仕事、どちらかというと福祉の仕事でグレードが低いと捉えられた時代が長

く続きました。逆に精神世界、患者さんのなかの内的世界を扱うのはグレードが高いという偏見も根強く残っていました。しかし、1960年代からは、家族システム論に基づくアプローチが出てきて、ソーシャルワークそのものでもなく、個人のなかの家族イメージの操作でもない方法が考えられるようになったわけです。

「個人のなかの内的な家族イメージを扱わないで、実際の家族を扱う」という場合、「実際の家族」は（患者さんを除いた）二人以上、可能な限り家族全員が望ましいです。

2　家族のなかのキーパーソン

なぜ「複数」、できれば「家族全員」が必要なのでしょうか。実際には、患者さん個人の問題だからといっても、患者さんが子どもである場合、家族は当初（相談もしくは治療に訪れる前）から症状に関与しています。これは重要なことですが、誰か症状を表出するヒトがいると、必ずそのお世話をするキーパーソンが家族のなかにひとりいるのです。

いいですか。「ひとり」ということに注目して下さい。それが、お母さんだとします。そうなると、あとの家族はどうでしょう。世間ではよくあることゆえ容易に想像がつくと思いますが、そのヒト、たとえばお母さんにすべてを任せて残りは淡々としていることが多いんですね。好悪にかかわらず現実に一生懸命してくれるヒトがひとりいると、すべてがそのヒトに集中してしまうのです。認知症老人の介護は大変だとよく言われるのも、誰かひとりが役割を果たし、負担がそこだけにのしかかっているからです。ですから、家で寝たきり老人の面倒を見るという場合、老人に昼間は施設で過ごしてもらったり、ショートステイという形で外泊してもらったりするのが推奨されるのです。（老人をではなく）その特定の「誰かひとり」を休息させ、無理をさせないで、かかる負担を減らすわけです。しかし、それでも、というかそれゆえ、また、お世話するのはそのヒトだけであとの家族はほとんどそのヒト任せという状態が続くのです。

「複数」できれば「家族全員」を揃えることは、決して簡単には実現しません。ですから「演技」で参加してもらうことにします。複数、できれば「家族全員」のチカラを家族それぞれに知ってもらう機会をつくるのです。この段取りを説明しやすい例を挙げてみます。いったん、神経性やせ症からは離れましょう。

過換気症候群という、どこにでもある例を詳しく取りあげてみます。ボクも現場で膨大な数、扱ってきました。「追っかけ」の人たちはよく「失神」（意識を失ってはいないので正しい表現ではない）と呼ばれる過呼吸を起こしますね。ボクが高校生だった頃、あのビートルズが初めて来日。当時はニュースで知ったのですが、女の子たちの「失神」が話題になりました。今でもよく見られます。ほとんどが過換気症候群ですね。

患者さんは12歳の女子。学校で何回か過呼吸を起こしました。母親が迎えに行くと改善するのです。その後、タクシーに乗っていたときに呼吸困難を訴えたのがきっかけで、ある心療内科で母子のカウンセリングを受けることになりました。カウンセリングは個人療法ですから、患者さん個人の内面や家族イメージにアプローチします。また、お母さんには、別の治療者が夫婦仲とか母子関係などを話題に接近します。並行面接。ボクは好みませんがよく行なわれる治療形式です。ところが、特にお母さんが、根掘り葉掘り訊かれるので嫌になってしまった。母娘ともども、ドロップアウトしたのです。

それでも発作は止まらない。別の病院に受診をして投薬を受けても改善されず、その後は家で発作が起きると動転して救急車を呼ぶという状況になりました。ボクのところへ来られたので「発作の原因は、今後、追究しないほうがいい」と前置きして、課題を与えました。その前に過換気症候群対策の訓練もしておきました。紙の袋やパンの紙袋を半分に切ったようなものを常に持っていて、過換気症候群が起きそうになったら、それで自分の鼻と口とを覆って大きく息をするように教えました。ゴボッゴボッと音がします。昔は竹の筒を使ったそうです。過呼吸で酸素が入り過ぎて、血液中の炭酸ガスが極端に減り、そうなると脳から呼吸の命令が出なくなって一連の系が混乱する。自分の吐いた炭酸ガスをまた吸うようにすれば呼吸が刺激されてすぐ元に戻る、この方法で血液の炭酸ガスの濃度を高くすると、その血液が脳に行って、脳の命令と呼吸が噛み合うようになると実しやかに説明も加えました。ごく最近、この方法には、もっと重症な病気を見逃すという危険性や、実際の効果が疑問視されるなどで、賛否両論があります。過呼吸は、「やってみてよ」と導入しても起きない点が、ボクには昔から不思議ではありました。

ここまでの整理です。家族は確実に患者さんに、というか症状に関わっていますね。どう関わっているのでしょう。そう、現実に、この家族は母子ふたりではないのに、お母さんというキーパーソンだけが七転八倒していますね。これを〈複数〉できれば〈家族全員〉に拡げるにはどうしたら良いでしょうか。読み進める前にお考えください。ヒントは、先ほど述べたように「演技」です。

ふたりに与えた課題の第一。家族が集まる夕方の6時半を狙って、今後一週間、患者さんはわざと頻回に呼吸して発作が起きるように努力する、という処方でした。ところがこれ、実際にはみんなが見ていると起きないのです。安心すると見られないというか、無意識だからこそ出ていたわけです。そこで「起きないときは演技で起きたふりをしなさい」と付け加えてあります。

次に、課題の第二。家族は患者さんの発作を一家の一大事と考え、みんなで大騒ぎをすることとしました。現在は大騒ぎをしているのでしょうか。もう、お分かりですね。しています。ただし、それはお母さんだけです。家族全員がということではありません。

「みんなで大騒ぎ」については具体性のある内容で指示をします。発作が起きたら、母親は今まで通り、患者さんの名前を呼んで、必死に背中をさする。父親は、今までのようにテレビや新聞を見ていないで、すぐに台所へ飛んでいって、しゃもじとフライパンをかんかん打ち鳴らして騒ぐ。姉は、今までのように自分の勉強ばかりしていないで、大きく足踏みをしながら階段を上り下りする。弟は、テープレコーダーを回して発作の様子を実況中継する、というものです。家の問題であるから、救急車を呼んだり、外来を受診したりして家族以外に迷惑をかけないとも約束してもらいました。家族全体が、一つの「症状を演じる」というレベルで一体になってもらうわけです。

この課題が遂行されて一週間。そのあいだ、発作は起きませんでした。前回は怪訝そうな顔をして帰って行った母親も、次からは治療に理解を示すようになりました。それだけでなく夫の悪口を言って、こちらに打ち解けてきます。

ご主人が仕事で帰宅が遅いということを勘案して、次は夜の9時半に設定して、同じ課題にしました。一週間後、母親は「今までは不安で不安でしょうがなかったのに、ハッパをかけるけどちっとも（発作が）起きてくれない」と笑いました。その後、3カ月ごとの追跡でも発作は消失していました。

演技が、症状という本物を食うパロディになるためには、家族「みんなで」という大仰が不可欠だと、症例を重ねるごとに、ボクにはだんだん分かってきました。

3 「演技」のために構造を重視

こういう処方には、治療の構造、すなわち行なう時間、場所、回数、順序、家族全員の役割などにうんと具体性を持たせます。各成員がそれぞれの立場を意識しながら着実に遂行できるようにします。家族全員を巻き込むような性質のものが有効なのです。症状のパロディを作り、事態から深刻さを払拭するには、症状だけでなく症状の背景も誇張するわけです。

パロディという用語の意味もそこにあるのでしょうが、ここで重要なことは完全な「模倣」ではないことです。どこか一部を違えておかなくてはなりません。第四章で述べた「食べない演技」を思い出して下さい。症状の場合、患者さんは無意識で起こしています。その症状をわざと演技でしてもらうわけです。無意識なら、時間や場所や回数なんて決まっていませんよね。自然に起きてくるわけですから。だから逆にそれらを決めておくわけです。それから、世話役はほとんどひとりだったわけですが、全員を「世話」に巻き込むような性質を持たせる。症状を起こすのが子どもでしたら、特定の家族成員とその子どものあいだの距離が近くなり、いよいよその悪循環がひどくなって、他のヒトが入れないような世界を、たとえば母子だけで作ってしまっているということがあります。それを無理やり切り離そうとすれば両方から出血するというような事態が起きるわけで、そうならないように、みんなに入ってもらって両者の距離をとらせるのです。

たとえば、強迫症状（いわゆる不潔恐怖）で、嵩じて来る不安から手を50回洗わないと気が済まない、単なるきれい好きではなくて、もう手の皮膚が赤むけしているような状態になっている症例を考えてみましょう。そういうときに自分だけで症状が完結しているヒトもいますけれども、個人の不安は往々にして周囲を巻き込むものです。特定のヒトに見守りを依存します。そういうケースは結構多いんですけれども、自分だけでは不安ですから母親を巻き込むのですね。

自分で手を50回と決めて洗っても、まだ48回だったんじゃないかと、あらためて50回をやり直す、ということがあるのです。それで、「お母さん、見ていてよ」と、母親に数えてもらったりするのです。そうすると、もともと子ども思いで世話好きな母親は症状に参加してしまう。母親の加担でさらに症状は持続するようになります。要するに、不安を回避すればさらにまた不安に襲われるのですが、親まで関わって回避の手助けをしてしまう。

ですから、そのような事態を避けるため両者を遮断する工夫が必要なのです。たとえば、患者さんがお母さんに話をする必要があるとき、お父さんにメモを渡してお父さんからお母さんに伝えてもらうようにするとか、別々に住んでいる場合であれば、お父さんが必ず電話に出てお母さんには伝言だけとするとか、そういう距離の取らせ方をするわけです。つまり愛情での距離というものはこころでは取れませんから、「モノ」で「あるいは物理上の距離」で得るわけです。

ここまで話した段階で少し補っておかねばならないことは、「〈複数〉できれば〈家族全員〉」の参加ということはひとつの例であることです。現代では、ひとり親家庭も多いし、どちらかの親が単身赴任や仕事中毒という例も少なくありません。居ない父親という現実に対して、精神分析ではありませんが、父親ではなく父親イメージを援用して、「〈複数〉できれば〈家族全員〉」そのものを「演技」すればいいのです。「モノ」で距離をとるやり方の面白い例でもありますが、「サイコロ親父」と題した例を挙げておきます。サイコロ振ってサイコロジー。ダジャレはダジャレでも、サイコロという「モノ」に「こころ」のかわりをさせるという意味ではなかなか味わいがあります。

子どもにモノを買ってやらないとひねくれる、買ってやったら「また買って」とどんどんエスカレートする、と心配している育児不安のお母さんが来たら、皆さんならどんなふうにアドバイスされますか。ボクなら「サイコロを買ってきなさい」とまず伝えます。お母さんには、迷ったら、子どもに「ちょっと待ちなさい」と告げ2階へ上がって、サイコロを振ることにしてもらうのです。半（奇数）が出たら買う、丁（偶数）が出たら買わないとあらかじめ決めておきましょう。子どもは今までは、お父さんの給料日の直後だとか、お母さんの機嫌がいいからとか、この前からずっと買ってもらっていないからとかなど、大体、買ってもらえるか買ってもらえないかすでに予想しているわけです。ところがサイコロが相手では親の気持ちは読めません。親は親で、もちろんサイコロを振ったなどとは口が裂けても吐きません。2階から下りてきて、うやうやしく子どもにその結果を伝えます。

「サイコロ処方」は何で有効かというと、「ちょっと待ちなさい」と我慢させるので、待てる子になる。それから母親が、内容はともかく、答えをしっかり決め、しかもこの答えは子どもに予想できないので、親の権威は復活する。この場合、父親は居合わせないで形だけです。それでも効果が得られるわけです。

以下の説明はまあ少し異論がある方もありましょうが、昔の父親はどういう機能をしていたかというと、このサイコロの役目をしていたわけです。全く育児なんて興味がなくて適当に済ませても、家父長制で支えられていたので、その当時は権威があったわけですね。ですからお母さんが「お父さんが言っていましたよ」と告げるだけで子どもは言うことを聞いていたんです。サイコロがその権威を持つというわけです。

サイコロの場合も第一章でお話しした千円引きの場合も、両親のいずれかに問題の子どもとの豊かすぎる交流がある。その裏返しとして、同じ世代、夫婦間や同胞間では交流がない。サイコロが世代間の境界をつとめ、兄の起用は兄弟間の結びつきを増強して、両親–子どものあいだの境界線が明確になる。そういう展開は別の視点から見れば、特定の家族成員の負担を「〈複数〉できれば〈家族全員〉」に分担させることにもなるのです。

親は子どもの気持ちを汲み取り大切に扱うべきだとの「理想」が金科玉条のように重用されている現代の風潮のように、「こころ」という見えないものにあまり手をかけないで、職人がするように、「モノ」として扱ってみる、そういうことも重要なのです。ちなみにボクは、治療に当たるとき、常に自分が職人であると自覚しています。

以上、またまた復習が半分になってしまいましたが、この章で本来、述べたかったのは、「〈複数〉できれば〈家族全員〉」に拡げることはそう簡単ではないということです。しかし、できないことはなく、その際、家族を全体で扱えるような「モノ」が一工夫される必要があるのです。

以下は、まさにその、「家族を全体で扱える一工夫」について貴重な経験をさせてくれた症例「明るい過食」の話です。神経性やせ症に半分だけ戻ることになりますが、この症例は、神経性やせ症とよく合併。神経性やせ症とは同じ摂食障害に属し緊密な関係にある神経性過食症です。最新の診断基準DSM－5（2013）では、「過食」の特徴として、①同じ状況下で同じ時間内に大多数が摂取する量を上回り、抑制できないという感覚を伴う、過食の出現を反復する、②自己誘発性嘔吐、緩下剤や利尿薬等の医薬品乱用、絶食、過剰な運動といった体重の増加を防ぐべく繰り返す不適切な代償行動、③過食や不適切な代償行動とも平均、3カ月間にわたり少なくとも週一回は起きている、④体型および体重に自己評価が過度に左右される、⑤神経性やせ症の出現時期だけに起こるとは限らない、が挙げられています。

4　症例研究――台本を書いてきた神経性過食症の娘

◉ジュースの量にこだわる

Y子（13歳、神経性過食症）は半年前からの過食・嘔吐と標準体重からの25％以上のやせのため、ある公立病院の小児科を受診。入院したが過食がさしあたっての問題で、食事を制限すると「食べたい」と暴れるということで精神科へ転科。そこでも、過食が止まらないだけでなく、他の入院患者さんから食事をもらったり取ったりするルール違反が頻発したため退院させられたとのこと。退院後しばらくして再び登校し始めましたが、食行動が改まらないのでボクたちの処を受診することになったのです。

家族は建築業を営む45歳の父親と専業主婦の37歳の母親、高校1年の姉と小学校6年の弟です。初診時は26・6kg（身長153cm）。Y子の理想は30kg。家では母親との関係が悪く、Y子は食べ過ぎたあと母親に腹が出ているかを確認したり、腹を切って食べ物を出したいとからんだりしていました。

いいですか。復習です。キーパーソンは誰ですか。患者さんとの「関係が悪い」母親ですよね。治療法はどうですか。「『複数』できれば『家族全員』」ですよね。

症例に戻ります。Y子は学業成績が良く、「口で争うとかなわない」と全家族が認めていました。家族全員を集めます。「食卓」は利用していません。第1回では、朝の食事をめぐる母親とY子のいさかいを取り上げます。

登校前に、ジュースの量（これでいいのか、入れ過ぎなのかなど）をめぐってけんかが始まり、母親のほうも「頭にくる」とカバンを投げたりします。父親は「いよいよ」という場面にならないと仲裁には入らず、また弟や姉は、われ関せずのままとのことでした。

ボクたちは、家族に朝の緊張場面を再現してもらいます。ところが、母親の緊張が高くて演技にならず、実際、父親に助けを求めてしまい中断するというパターンになってしまい、長続きしません。差し当たっての、キーパーソンの解消という目的とはほど遠い成果でした。非言語を含む母親の反応が終始変らなかったせいだとボクは思いますが、Y子にもジュースの量の正確さに執拗にこだわり、演技を越えて本気になるのが見られます。

Y子役を姉に交代させて演技させると、母親の緊張は解けましたが、またY子に戻すと、母親は混乱しました。そこで母親とY子との演技を、姉の監督下で毎朝6時50分に行なう課題（処方）を出します。

2週間後に来院したとき、Y子は「姉は3～4回しか参加しない。母親もふまじめに演技している」と怒っています。しかし、Y子自身は「自分の演技は割とうまくいった」と、前回よりは明るく語り、驚くべきは、こちらが頼んだわけでもないのに父親や姉も参加する以下のような台本を作ってきたのです。

Y子　お母さん、（ジュース）いつもより多くなっちゃったけどいいかなあ？

母親　大丈夫だから。

Y子　だって、いつもより多いから、なんでって聞いているの。ちゃんと答えてよう。
母親　大丈夫だって言ったでしょう。お母さんだってやることいっぱいあるのよ。
Y子　ちゃんと説明してよう。
母親　だから大丈夫だって言ってるでしょう。お母さんだって分かりません。お父さん助けて。
父親　なにしてる？
母親　Y子がジュースいっぱい入れても大丈夫かって聞いてくるの。
父親　そんなこと大丈夫に決まっているじゃないか。少しくらい多くたって少なくたって消化するから大丈夫だって。そんなこと、大丈夫に決まっているじゃないか。そんなこと分からんのか。
Y子　なんで。量が違ったら消化の量も違うでしょ。
父親　そんなの、いいんだよ。
母親　そうだよ、大丈夫だよ。
父親　そんなこと大丈夫に決まっているじゃないか。そんなこと分からんのか。
Y子　もういいわ。（Y子引き下がる）

Y子　お母さん、お母さん。なぜ来てくれないの？
母親　お母さんだって忙しいの。
Y子　お弁当なんかいらない。（テーブルの上の弁当箱を手で払う）
母親　なにするの。
父親　なにやってるんだ？
母親　お弁当ひっくり返したの。

父親　ばかだなあ。Y子、なんでそんなことするんだ。
Y子　お母さんが悪い。お弁当なんかいらない。（再び弁当箱を払う）
母親　（しゃがんで弁当箱を拾いながら）なんでこんなことするの。そんなもったいないことするとバチがあたるよ。
Y子　うるさいなあ。
母親　そんなことするから悪いんでしょう。
父親　なにやってるんだ？
母親　Y子がお弁当またひっくり返したから。
父親　Y子、なんでそんなことする。
Y子　もういいわ。ご飯食べるからお母さん作って。
母親　（ご飯をよそいながら）このくらい？
Y子　ちょっと多いわ。
姉　またやってる。……お母さん、わたしのお弁当は？
母親　これよ。
Y子　お母さんわたしのお弁当は？
母親　Y子ちゃんのお弁当なんかありません。あなたがひっくり返すからよ。
Y子　いやだあ。お昼までに作っといて。
姉　自分で作ればいいでしょ。
Y子　いやだあ。お母さん作ってよう。作ってよう。
母親　なんで。もういじめないで。

Y子　なんでわたしがいじめてる？（Y子引き下がる）
Y子　（Y子再び現われ）お母さん、お母さん。ちょっと来て、お母さん。
母親　なんなの？
Y子　なんで何回も呼んでいるのに来てくれないの？
母親　だって忙しいの。Y子ちゃんのことばかりかまっていられないの。
Y子　ちょっとくらいいいでしょ。2時間も3時間もかかるわけじゃないし。お母さんが悪い。
母親　なんでお母さんが悪い？
Y子　だってお母さんがちゃんと説明してくれないんだもん。
母親　そういう意味じゃないでしょ。
Y子　なんで？　そういう意味よ。
母親　だって、そのくらいのこと分かるでしょ。
Y子　分からないから聞いているんでしょ。
母親　分かりません。
Y子　分からないじゃ、わたしだって分からない。
母親　ごめんね。お母さんが悪かった。
Y子　もう学校へ行く。（と引っ込む）

Y子が聡明だとは当初から気付いていましたが、まさか自分で台本を書いて来るなど、考えてもいませんでした。半ば驚嘆し、半ばY子の治療への理解や協力に感動しました。そこで、とりあえず、この台本通りに家族に演じてもらうことにしました。母親や父親はセリフでつまることが多く、結局、弟の監督で、どのくらい演技できるかを家で練習する課題を出し、その回を終えました。

◉主役のドロップアウト

20日後、3回目。Y子は出席しませんでした。病院には来ていたそうですが、待合室で番が来る前にひとりで帰ってしまったということでした。家族から話を聞くと、姉も早くから学校に出かけてしまい、また「母親が相変わらず演技を真剣にやらない」とY子が怒っていた、とのことです。母親は「もうお手上げなので入院させてほしい」と懇願します。母親の言う「お手上げ」とは、「演技をしても、Y子が本当に怒ってしまったり、6時50分の前に本当の喧嘩がもう始まっていたりで演技どころではない」ということでした。

この時点で、治療は行き詰まりです。ここでいう「行き詰まり」は次の回にどのような介入をしたら良いのかまったく連想が湧いて来ないという意味です。そこで、チームで、これまでの治療経過を検討しました。

2回目でY子は「台本」という素晴らしいメッセージを出してきて、事態が父親や姉をも含む家族全体の問題であることを訴えています。ところが、ボクたちのしていたことは、ただ「台本」を演じさせただけで、事態はまだ「Y子と母親との問題」に留まっていて、他のメンバーは（治療に来たときだけ「台本」を棒読みさせられる程度で）何も困りません。強制されていると感じるくらいで参加している意識は無かったと思います。メッセージを受け入れてもらえなかったY子は当然、治療の場からドロップアウトしたわけです。Y子が主導権を取っていて、治療者もそれに巻き込まれ、母親との膠着状態が問題だが、それにはその問題を家族全体に拡散する必要があるという認識が薄く、問題をうやむやにしてしまったことがまずかったという方向に議論は進みました。

これで次回の方針が朧げながら浮上してきました。まだ具体性はありません。このとき、突如、ボクが想起したのは「コロッケ」のことです。早合点しないでくださ い。神経性過食症の症例だからと言って肉屋で揚げて売っているあの「コロッケ」ではありません。

現在も活躍中のお笑い芸人、瀧川広志（1960〜）です。1980年代後半、歌手美川憲一の物真似が茶の間でブームになりました。美川は1970年代行後半には人気が低迷。表舞台から消えていたのですが、1989年の『新春特番！　オールスター爆笑ものまね紅白歌合戦』に全国津々浦々に知れ渡ったコロッケの芸で「ご本人」として登場したことから再び売れっ子となり、昨今に至るまで、芸人コロッケを芸能界復帰の「恩人」として感謝しているそうです。また、芸人コロッケは歌手岩崎宏美の、顎を僅かに突き出す仕草に誇張を加えヒットソング「シンデレラ・ハネムーン」に乗せてテレビで頻繁に歌っていましたが、その影響としてホンモノの岩崎がコンサートで同曲を歌おうとしてイントロが流れ出すと、客席から笑い声が漏れてくるような現象が見られたそうです。これは単なる無害な模倣でなく有害なパロディです。ホンモノを破壊してしまうチカラを持っているのです。

皆さん、この症例で治療が頓挫した際、ボクが芸人コロッケの智慧を拝借したとしたら、どのようなことを行なったとお考えでしょうか。これまでの経過を箇条書きにして整理してみます。①患者さんによって、家族全体に問題を拡散させるような示唆を含んだ「台本」がもたらされる、②治療者側は「台本」を家族が演じてくれるよう、家族に要請する、③「台本」に立位による棒読みで家族が応じるが、母親は不安と緊張で「演技」にならず患者とのあいだで普段の葛藤を繰り返す、④宿題として家でも同じことをしてもらうが、姉が不参加だったり、母親が③を繰り返したりで「演技」はいつも中途半端。

患者さんの「台本」は、この家での現実の食卓で起きている会話そのものでした。現実の「模倣」とも言えます。模倣そのものでも「チカラを持つ場合はあります。第四章の「食べない『演技』」がそうです。これは「食べない『症状』」ではありません。それを演じるのです。

「台本」という「モノ」はいったい何でしょう。この場合、現実の「模倣」でした。ドキュメンタリーといえるほど精緻で的確です。話はぶっ飛びます。芸人コロッケが、それまでの声帯模写と違い、お茶の間に新鮮な感動を巻き起こしたのはなぜでしょうか。芸人コロッケ自身も経験を積んではいたという単なる歌手の「模倣」、すなわち声帯模写と違って、芸人コロッケ一流の観察眼で得た「模倣」される歌手、その特徴の一部を誇張して、ビジュアルに演じたからではないでしょうか。ですから、「模倣」を「パロディ」まで高めたのです。そこで求められるのは「演じる」という一語に尽きます。

症状を処方するという技法が挫折したのは、Y子が言うように「母親（おそらくは母親たち）は真剣に演技してくれないことによるという結論になりました。現に、Y子はそのことを怒っていたとの家族による伝聞が得られています。貴重な情報です。Y子を治療の場へ戻すためには、家族が真剣に演技することが肝心というメッセージです。まずは、ボクたちでY子の台本を演じてみて、Y子に見せることにしました。スタッフと見学生から、イメージがいかにもお父さんらしいヒト、お母さんらしいヒト、Y子もどき、姉役を探し、ビデオ撮りします。しかしそれだけでは、Y子を引き戻すだけで「家族」に介入はできません。「（Y子以外の）家族、特にお母さんにちゃんと演技して」という文言を台本に盛り込むべきだということになりました。そこで、Y子の台本の末尾に次の台詞を付け加えました。

Y子　お母さん、お母さん。ちゃんと演技してくれないんだもん。わたしがせっかく台本書いたのに。

これが、芸人コロッケであれば、右の口角を上げ「アァン！」と変な声を入れる美川憲一であり、顎を突き出し笑いながら歌う岩崎宏美なのです。

◉スタッフが「家族」を演じる

次の回は、前もってY子に「台本の一部を変えたので来て欲しい」と家族から伝えてもらったところ、予想通り全員が参加しました。

末尾に一言付け加えた新しい「台本」をボクたちが演技（シミュレーション）し、それを録画したビデオを家族に見せます。プレイバック直後は一瞬、家族は静まり返った雰囲気。そのあと突如、お父さんが場の緊張をほぐすように「アハハハ、われわれよりもうまいな。われわれじゃあ、あんなにスムーズにいかない」と述べます。そのあと姉は「でも、先生たちがやったのは、穏やか。うちはもっとメチャクチャだ。泣き声ももっとすごい」と感想を語ります。

そこでモニター室から内線電話で、「姉さんが監督をやって台本を見ながらやってみるように」と面接室の治療者に伝えます。「ヨーイ、スタート」と姉が口火を切って演技が始まりました。弟は途中で、「僕も入れて」と言い出しました。皆さんも気付いてはおられるでしょう。「家族全員」とボクが喧伝したのは不正確で、弟君は「台本」に出て来ないのです。台本のめくり役を与えることにしました。

もちろん最後の付け加え部分も読みながら演じてもらったのですが、この部分を読むとき、Y子は台詞の他の部分と比べて明らかにペースがスローダウンし、棒読みに近いものでした。また母親は「この部分がついていると、何かわたしが悪いみたい」と述べました。ところが弟が「でも、これがついてないと終わらないじゃない」と指摘したのです。弟に最も客観性のある観察が可能になる役を与えたとチームも大満足でした。

その後父親が、「子どもの気持ちがこうなので、母親があなり、こういう場面になってしまう」と解釈したので、ボクはそれを遮るように、モニター室から電話で「どうも真剣味がない、もう一度トライしてください」と面接室の治療者に伝えました。

もう一度演技が行なわれます。今度はY子に感想を問うと、「わたしだけでなく周りもギャーギャー言う」と訴えます。そこでボクはモニター室から出てきて「どうして皆が感情剥き出しになるかというと、お父さんのように解釈してしまうからです。もっと『演技』だと割り切ってやってください」と伝えます。父親は「どうしてこういう喧嘩になるかが、いつも話題になるから」と反論します。

ボクもお父さんを睨み付け、「親にそんなに子どもの気持ちが分かる訳がない。『演技』を繰り返しているうちにお互いが分かり合え、この子を入院させなくてもすむ。ただし、この子のために努力してやってやろうという態度ではだめですね」と鎮圧したのです。毎朝決まった時間に台本を演じるためには姉が犠牲になりそうでした。姉は泣いて抵抗します。

そこで、Y子と姉以外の各メンバーが、それぞれ犠牲を分担して生活を調整し、ともかく2週間、毎朝6時半から始めることに決定しました。しかし、父親はまた一言、Y子に「お前が早く寝るようにしないと、皆が朝起きられず、『演技』ができないから、いま先生の前で約束しなさい」と言った。ボクは「これを利用して他の生活までよくしようと欲を出してはいけません。そういうことをするから足並みがそろわない」とたしなめました。すると父親は「随分犠牲を払うんですね」と返します。ボクは「一生でなく2週間だけね」と伝えておきました。

◉治療目標が変わる

次に来院したとき、家族は結局この課題を遂行したということでした。モニター室から「それでは、どのくらいうまくなったか、やってみてください」と『演技』を要請。一通り終わると「だいぶうまくなった」とモニター室の評価が面接室に内線電話で伝えられ、面接室の治療者も同意して家族をほめ上げます。

母親ひとり浮かぬ顔をしているので、ボクはモニター室から手紙で「こんなばかげた方法で、少しY子が良くなったと思うと、深刻に悩んでいた自分が馬鹿にみえるのではないのですか」とメッセージを送ります。すると母親は「わたしの悩みはそんなことではありません。確かに朝の問題行動は減りましたが、Y子の迷惑な行動に夜どう対処していいか分からないのです」と返信が届きました。

そこで治療者チームは、家族に同じ演技を朝も晩も行なうよう提唱し、家族も同意します。この回、母親は入院のことは一言も出しませんでした。また前回、泣いてまで強い抵抗を示した姉も、今回は「えー、夜もやるの」とケロッとしていたのが印象に残りました。

その3週間後、家族面接で、Y子の朝と夜との迷惑行為がなくなったと報告されました。ところが母親は、過食の問題を治したいと述べます。そこで、Y子の過食前・中・後の他の家族の行動を調べたところ、母親以外はY子にさほど巻き込まれていないことが分かりました。今度は、家族全員から意見を訊いて「台本」めいたものを作る必要が浮上したわけです。過換気症候群のときの治療経験が役立ちそうです。

見かけからして以前の家族とは大違いです。治療チームのアイデアをしのぐ過激な「役割」が次々と家族側から出されます。弟は「いまやけ食いしました」「いま吐いています」と実況中継してテープに録音する役とラーメンを作る役、母親はおかずを作り運ぶ役、父親は「しっかり食べ、しっかり吐け」と励ます役、姉はY子と一緒に食べ、食器を片付ける役、家族全員は患者の過食・嘔吐のたびに拍手する役、Y子自身はだれもやりたがらなかった役、つまり嘔吐した汚物の量を測る役に決まりました。母親が「先生も来てくださ い」と言い出すほど楽しい雰囲気でした。

この処方は効果があり、その後症状は軽快します。「演技」が治療を促進する方向に働く秘訣は、家庭内の緊張をそのまま行なわせるのとは違う（そのものだったら日常と同じ）という点にあるようです。この症例は、それを教えてくれた先人にちなみ、それ以降、仲間内で「コロッケ症例」とニックネームが付きました。

◉「演技」が効果を発揮する条件

「演技」は家庭内の緊張に限りなく似たノイズであると同時に、最大のポイントとも呼ぶべき一部が本物とは違っていることが必要です。つまり母親が「この部分がついていると、何かわたしが悪いみたい」と述べたり、弟が「これがついてないと終わらないじゃない」と語ったりした感想は実に意味深長であり、この「部分」や「これ」こそが、外見をより「演技」らしくみせる大役を担う（それにより本物に発展せず「終わる」）代物で、家族全員が参加できる（この場合はY子自身の客観像をも巻き込んだ）よう味付けされているのです。

「パロディ」というより「ノイズ-キャンセラー」*が相応しい表現でしょうか。ご存知でしょう。ボクも新幹線や飛行機に搭乗するとき、この装置をいまも使用しています。ヘッドホンやイヤホン以外にも、吸排気音がうるさいダクトの騒音低減にも、同じ技術が使われているようです。原理は明解で、騒音の逆位相の音をスピーカーから出して打ち消すのです。「逆位相」という一工夫なしに同じ騒音そのもの（単なる「模倣」）を横で発しても効果は皆無なのです。

次章は、「同じ釜の飯」が家族全体の「モノ」となり、着実に自己治療を成し遂げた神経性やせ症の症例です。

---

* ヘッドホンなどでの周囲の騒音を打ち消す機能。内蔵のマイクで拾った周囲の音と逆の位相の音波を発生し、干渉させる仕組み。

第七章　「同じ釜の飯」——食卓のレシピで自己治療

1　家族には使わない「同じ釜の飯」

「同じ釜の飯を喰った……」という表現をご存知ですか。もちろんですよね。それでは次の質問です。これで形容される対象に、どうして家族は入らないのでしょう。家の土間に竈《かまど》が在り、そこで薪で炊いた米飯を共有し合っていたのが日本の家族ではないでしょうか。それは昔の話だ、と一蹴しないでください。今だって「竈炊き」と銘打った電気炊飯器が売れています。購入者の大多数は自分の家族に米飯を提供する目的で買うはずです。

ところが、（家族以外の）仲間に使われているのですよね。言い回しの由来を専門家に訊ねたわけではないのですが、「同じ釜の飯を喰った」というのは比喩。それも家族のように親密で苦楽を共にし、過去を共有する、と言う意味の隠喩のようです。喩えられるモノ、すなわち家族との繋がりは、その言葉が使える範疇から消えているのです。「同じ飯を喰った（まるで家族のような）仲間」という文脈では「仲間」が強調され、「家族」は意味に含まれません。

一般に、現代の家族は、家族と「同じ釜の飯を喰う」という自覚すら、おそらく、ほとんどありません。電気炊飯器の場合は、より旨い米飯が賞味できるような釜の構造について研究を重ね、そのメカニズムを再現しようと追求しているのであって、家族が「同じ飯を喰う」ことだけならどんな鍋でも電子レンジを使用

しても、贅沢を言わなければ可能ですから、話題にも上らないのです。

家族全体を治療対象にするようになってから、家族成員のなかで患者さんだけがダントツに優れた能力を発揮する領域があることを知りました。もちろん例外はあるでしょうが、第一は言語でなく非言語で捉えるチカラです。第二は家族成員各個人の特性より家族全体の有り様を瞬時に理解するチカラです。以下の症例で、ボクは第三の能力を加えねばなりません。

それは、当たり前すぎることでも無視しない能力です。流行や価値観は変わっても「同じ釜の飯を喰う」のは本来、家族なのだということを見抜くチカラです。ですから、家族全体に強烈なインパクトを与える「モノ」シリーズ。本書では再三、神経性やせ症を登場させますが、本章での「モノ」は、以下に展開するように、「同じ釜の飯」です。

2　症例研究――外来に食卓を設定

◉にきびが異常食行動のきっかけ

W子は大都市近郊の中学2年生です。中学1年生の秋頃から、にきびができるのを気にして、脂肪分の多い食物やチョコレートを避けるようになり、食事量も減少しました。過食・嘔吐もあります。2年生の6月に、48kg（身長160cm）あった体重が40kgになったので、修学旅行へ行けるかどうかが心配で、母親は知人の婦人科医を受診させ、「思春期のものなので様子をみるよう」言われています。

ところが体重はどんどん減り続け、33kgになってしまいました。3年生の夏休みに近所の子どもの登校しない症状が治ったという評判を聞きつけた母親が、近くの公立病院小児科を受診し入院させます。病院での生活は、W子によれば「ホテル住まいのよう」で不快ではありませんでしたが、家族と離れるのがいやで、結局、10日間で退院してしまいます。小児科医は、両親に「食べろと言わないように」と指導したそうです。

ボクたちのところを受診したのはその年の10月でした。9月になってから、常用していた緩下剤が効きすぎ、下痢が続発。2週間学校を休みましたが、それからは登校した日は、夜中になると嘔吐を来すようになりました。どうやら級友と弁当を食べるのが苦手ということのようでした。低体重を不安に思う学校側の勧めで休学となりました。

多くの神経性やせ症の患者と違って、W子は、家族と一緒に食事を摂っています。食卓は成立しているのです。しかし、食事内容については自分の思い通りにさせてもらっていました。たとえば米飯一口、レタス(ドレッシングなし)、イモ半切れ、小海老3尾(茹でたもの)、梨一切れといった具合です。神経性やせ症によくみられる運動過多はありません。しかしよく伴う、空腹感の解消だと説明されることもある窃盗はみられました。スーパーでガムを5、6個万引して補導されたのです。

小児科医には「(心身症なのだから)精神科へは行かないほうがいい」と言われていたのですが、30kgを切りそうになったとき、両親はマスコミを通して知ったボクたちの治療を受けようと決意。半日がかりでやって来ました。遠方なのでと両親は入院を希望したのですが、W子は「入院するなら自殺する」と表明します。家族と別々が厭なのでしょう。両親もそれほど追い詰められた様子はなかったので通院治療を行なうことにしました。

両親はともに42歳。父親は会社員、母親は洋裁学校で非常勤講師をしています。それぞれの自己評価では双方とも「神経質」で、父親がいうにはその質は同じだそうです。そのうえ、中学1年のときの同級生同士。ともに浪人のときに偶然再会。ふたりが23歳のときに結婚。それぞれの実家はバス停で三つしか離れていない距離にあり、さらに父親は同胞5人の末子、母親は同胞4人の末子と多くの共通点があります。

現在、夫婦仲はW子によれば「普通」だそうです。父親は、母親によれば「口では強いことを言うが、子どもを叱ったことがない」とのこと。たまに夫婦喧嘩が見られます。父親が残業で深夜の帰宅になっても、母親に何の連絡もしなかったときなどです。喧嘩すると、大抵は父親が負けるということでした。またW子が病気になってから、父親は「家庭中心」になり、帰宅時間に注意を払うようになったそうです。

W子には、小学校6年の妹がいます。この妹は、几帳面なW子に比べると、ややずぼらで明るく、両親の「神経質」はW子のほうにだけ伝承されたようでした。

◉「食卓」で食事の話題はタブー

家族面接は、外来に「食卓」を設定し、夕食を摂る形で行ないました。第1回では、食卓の話題が出ました。普通こうした展開は珍しいのですが、この家族はそういう点ではユニークです。しかし、W子が軽症かというとそうでもなく、ボクからみて、即入院というケースではありました。

食卓の話題。その口火を切ったのは、W子です。初診のとき、次回から家族全員で来てくれとボクに言われたので、どうしてだろうと考えたそうです。そして、自分が食事を作っては、妹にあれこれ食べろと強制しているからだろうと考えたそうです。

母親が、その状況を補足して語ります。「食事」の話題は家の食卓では出ることが無かったそうです。母親も今まで我慢していたのでしょう、予診のときも語られなかった、現在の家での食事事情が堰を切ったように吐露され始めました。それによれば、妹が食卓に着く前に、W子は「これね、食べられるでしょう」と、妹が従わざるを得ない雰囲気をつくるというのです。妹は無理をして食べる。時たま残したりすると、「もったいない。せっかく拵《こしら》えてあげたのに」と姉に言われるそうです。妹は、日頃は口数が少なく、母親に甘えたりすることはほとんどありませんが、このことに関してだけは、母親に後で訴えるそうです。母親は「食べたくないとはっきり言いなさい」と諭します。しかし、翌日もまた同じ状況が繰り返される……というものでした。

これを聞いてW子は、「わたしに直接言わず、お母さんに愚痴こぼすんだもの。嫌と言わないから余計意地悪になってしまう」と説明を加えます。また、妹に食事を強制する理由については、「ひとが食べるのがすごく気になるから」と答えました。

母親は、なぜ食卓でW子に注意しなかったのでしょうか。その理由は、小児科医から、食事のことは一切言わないように、また、好きなものだけでいいから食べさせるように強く言われ、それをこの一年続けてきたからでした。

小児科医の方針に不安になり始めたのは母親でした。その理由は二つあります。一つは、W子がその後も食べようとしないうえに下痢をして、極度に体力が落ちたからです。いま一つは、夫（父親）の変化でした。母親の不安が高まるのと時を同じくして、父親は、食卓で「W子の食事を見たくない」ので身体をずらして座るようになったそうです。そのため、母親が父親に、W子の方を見るように促したこともありました。

W子がちゃんちゃんこを着るか袢纏《はんてん》を羽織るかというような些細なことで母親と衝突しはじめたのもこの頃でした。W子は「お仕着せだ」「うるさい」と反抗し、母親は「わたしが家を出る」と言い出す始末。互いに後から冷静に考えると、バカバカしくなるような動機でした。しかし、こと食事に関しては（実際はもっとも問題なのに）決して喧嘩のテーマになることはありません。食卓は成立していても食事の話題は、こちらに通院して「食卓」での治療が始まるまで、W子以外の家族にはタブーのようでした。

●タブーでなくなった食事の話題

そのまま調理の話に移行します。W子は台所に母親を入れたがらず、一切の調理を引き受けていたことが分かりました。自分の食べる料理に少しでも油が浮いているといやなので、横で揚物をされたりすることを避けるため、W子が全員の食事を作ったということです。母親によれば、夕飯の支度に関しては、W子が「主婦」で母親は「助手」でした。母親は買い物や後片付けを手伝うだけ。W子は、自分には手をかけない料理（野菜や鶏の笹身）、他の三人にはこってりした料理を作るのです。

モニター室から見た印象では、母親は若々しく、いわゆる「お母ちゃん」らしくはありません。ボクは、母親の「W子が主婦、私は助手」との言葉を重視することにしました。夫と同級生であることも関係あるようにも思えました。そこで、ボクも入室し、「お母さんでなくお姉さんなのですね。お母さんらしくないのかしら」と切り出しました。そして、母親・妹・患者を同胞として捉え、「お母さんのない、三人姉妹の家庭で、長女は威張っていて『わたし、主婦のまねなんて嫌よ』という。末娘はまだ子どものうのうとしている。両方の煽りを食らって真ん中の姉さんは大変だ。主婦を一手に引き受けている」と一気に解釈します。そして、「主婦の苦労は大変だから、母親・姉（W子）・妹で役割を分担したらいい。試みに、2週間、今まで一番苦労してきた姉（W子）に敬意を表して、今度来るまでのあいだ、姉好みのメニューで、他のふたりが協力して調理したらどうか」と提案しました。その後、つぎのような会話が交わされました。

W子　お母さんは脂のないのはいやだって言うよ。
母親　おなか空きますから。
ボク　一週間くらいいいでしょう。
W子　それじゃあ皆がかわいそう。毎日、笹身になっちゃうよ。
ボク　お母さんは隠れ食いしたらいい。
母親　（甲高い声で笑う）
W子　いやだ。隠れてなんて。

ボク　あなたが監視すればいい。
W子　いやだ。小姑みたい。
ボク　だったら、お母さんに一品余分に付けるというのは？
母親　お父さんだって……。
W子　○○ちゃん（妹）も要るわよ。その一品は、わたしが作ることにする……（急に泣き出し）でも、やっぱりそれじゃあ皆、足りないよ。
ボク　皆のことはいいじゃないか。
W子　だって、わたしが勝手になった病気なのだからさあ。いいよ、自分の分は自分でつくって食べるから。

W子の抵抗には、「こうしてやっているうちに自分も油物を食べさせられてしまう」という危機感も絡んでいたように見えました。そこで治療者チームで検討し、夕食に関しての主婦業の苦労を、実地面と経済面に分担する路線を考え、つぎの処方を提案することにしたのです。

「油を使わない料理と油を使った料理を分けてつくるほど、お母さんは調理に打ち込んだことがないでしょうから、今後はもう少し、主婦として努力しなければいけない。しかし、ふたりの『主婦』が同じことをすると諍いが起きるので、調理はこれまで通りW子が担当し、母親は夕食の材料費を一日、百円ずつ2週間のあいだ減らしていくことにする」というものです。

予想通り、W子は「面白い」と乗ってきました。涙は乾いています。残りの3人も、よく訳が分からないままかもしれませんが、その課題を引き受けました。この時点で、これまで母親は家計簿をつけたことが一度もないと分かりました。

◉初めての家計簿

第2回は、2週間後に行なわれました。冒頭に母親が、一応課題を試みたけれども、百円ずつ減らすのはとてもむずかしくて出来なかった、と報告します。持参した（初めてつけた）家計簿も見ながら、W子の立てた献立を検討した結果、母親はどちらかというと肉、父親は魚が好き、妹は両方とも好きだとこちらにも分かりました。ボクが「そしてW子さんは、精進料理なんですね。家族によってずいぶん好みが違うものですね」と指摘すると、母親は「そうかしら。わたしは魚がそう好きではないというくらいで魚も食べられます。この子（W子）以外は大体みな同じものを食べています」と反論します。父親も「僕の場合、パサパサする笹身のようなものはいやだけど、歯の中でグニュッとなる肉なら好きです」と同調した。

母親はさらに「この子が病気になり始めの頃、肉の脂身のところだけきれいに取り除いたり、チョコレートは絶対に避けたりということがありました。わたしにも、若い頃、そういう経験があります。でも、我慢していても二、三日経つと食べだしちゃう。ところが、この子にはそういうことが全然ありませんでした」と語ります。するとまた父親が「量だっておかしい。食べていないからこちらがイライラする」と相槌を打つように付け加えるのです。夫唱婦随いや、婦唱夫随がご夫婦の特徴なのでしょう。

小児科医の教えが、実際には何にも守られていなかったことが判明しました（今後、こちらの指示を守らない、あるいは守っているふりをされることも予想されます）。ここで、ボクは夫婦、というか強い母親に有無を言わせない強制力がこちらに必要だなと感じました。母親の決めつけ、その迫力に反応し、父親のように同級生扱いをされるのはゴメンだと考えたのです。この症例でのボクは、常より饒舌です。

◉母親が翳《かざ》す紋切り型解決策

こういう事態になってくると、母親は待ってましたとばかりある話題を持ち出してきます。お分かりですね。「入院」です。

母親　入院したって家族であなたを見捨てることは絶対ないのよ……。

W子　でもそう思うの。

母親　何でそう思うの。　おかしいじゃない。

W子　もう嫌だ。前、入院していてすごく嫌だったもん。

母親　嫌だって家族は放置しておけないよ。入院は一番よい方法だから。

W子　そりゃ楽でしょうよ。

母親　何で楽なのよ。

W子　わたしにとっては一番嫌な方法よ。

母親　あなたにとっては一番嫌な方法かもしれないけど、身体がよくなればそれでいいじゃない。

W子　いやだ。そういうふうに治したくない。

母親　それはわがままよ。

父親　うん。

W子　決めつけているじゃん。

母親　あなたにとっては一番よいからよ。

W子　なぜ、決めつけるの。

母親　もう最低のところまで来ているといつも思っているもん。いま、気持ちは確かに安定し一生懸命やっているってすごく分かるけれど、身体がついていってないよ。

W子　でもいい。皆と一緒にいる。

……（長い沈黙）……。

モニター室に引き上げていたボクは、このとき、「からだは親に受け、こころは独自に宿る」という親子のままならぬ断絶を感じていました。そういえば「身体髪膚＊……」にはこころは含まれていないですよね。入室して、W子に「家から離れたくないのだね」と声をかけます。W子は嗚咽していました。母親は「入院すると家族から見捨てられるって言っています」と代弁するかのように述べます。ボクは「今は見捨てられていないのですか」と、母親と子とのちょうど中間の位置に大袈裟に睨むような目線を向けて問うてみました（師匠から学んだ目ヂカラの有効利用）。すると、W子はうなずいたのです。そこで、今度はW子を見つめて「えっ、全然ですか」ともう一度声をかけてみます。再びW子はうなずきます。そのあと、つぎの会話が続きます。

ボク　どうなったら見捨てられるの。

W子　入院すればてっとり早い。

ボク　親が自分たちの責任を逃れるということなの。

W子　それもあるし、この前、（小児科に）入院したときが嫌だった。何でもかんでも皆に監視され、いつもひとり。見舞いに来てくれるときだけしか（家族に）会えない。他人になったみたいで嫌だ。

母親　入院すると自分の自由が制限されるからでしょうね。

＊　若い読者には耳にされたことのない向きもあるかも。「身体髪膚《しんたいはっぷ》これを父母に受く敢えて毀傷《きしょう》せざるは孝の始めなり」。ボクが中学生の頃は、親に起こされると「寝台白布これを父母に受く敢えて起床せざるは幸の始めなり」と呟いてごねたものだ。

ボク　今は自分の好きなようにしているのですか。

母親　そうですね。昼間も全くひとりだし。

ボク　見捨てられているのではないの。自由にしている限り体重は危険でしょう。それは見捨てられていることではないんですか。

W子　見捨てられているとは思わない。

母親　でも、この子は、下痢して具合悪くても、わたしが勤めを休むということは決してさせません。わたしが休むと監視されているみたいだと言う。昼休みに電話くれるだけで充分だと言うんです。

◉そうだ、レシピで行こう

ここまでで、ようやくボクは閃きます。神経性やせ症の家族への対応は相互作用をモノ化することがベストであることは、これまでの経験で知っていました。モノ。モノ。絵もモノだ（この症例では外来扱いで時間も乏しいので一度も描画は使用していない）。この病気に限定した場合、根幹にあるモノは「体重」であることは間違いない。「体重」も、外来で治療を行なうからには、こちらからの完全管理が不可能だから、取り上げるのは困難。保留のままです。「体重」から派生したものは何でしょう。「食卓」はすでに使っています。

そうだ、「レシピ」だ。「レシピ」を処方する最適のチャンスだ。この時点で、母親との戦闘態勢に在って、まだまだ饒舌なボクは以前不発に終わった「処方（課題）」を出すいいチャンスとばかり、多少アレンジしてつぎのように述べます。

「見捨てる・見捨てられる」が親子でニュアンスが違うようです。けっこう重症だと思うので、原則は確かに入院治療ですが、まずはもう少し親と子との違いをはっきりさせなければなりません。そこで、食事の問題ですが、今は別々の献立でしょう。本当に「見捨てられていない」ということであれば、親や妹と同じ食事を本人に、あるいは本人と同じ食事を親や妹にという形が必要なのではないでしょうか」。

ここまで一気に喋るあいだ、W子はウンウンとうなずいていました。母親が、W子と同じ食事を嫌がった光景を思い出しながら、ボクはいよいよ具体性のある処方に入ります。それは、月・水・金は患者が自分の好きな献立で、火・木・土は他の3人で調理することです。日曜は成り行き次第とします。

◉予期しない手紙に感激

そこで、その回は終えました。2週間後の第3回が来る前にW子から、以下の手紙を受け取りました。驚くべきことが書かれていましたが、嬉しい便りです。

石川先生　こんにちは　先日は　お忙しいところ　度々お電話してすみませんでした。昨日の　夕食後、お母さんと話していて　先生の　おっしゃろうとしていることが　分かったような気がしてふたりで泣いてしまいました。きっと　先生は、「私が家族と同じものを食べていない」ということこそ　私が　見放されていることではないか！と　おっしゃりたいのでは……と思ったのです。

今まで　私は「家族といっしょにいるんだから」「食べられない（食べない）私を見守ってくれているんだから」見放されていないんだ　と　思っていました。　ところが　そんなの大違いです。食べることに関して　何も言わないことこそ　もう諦められ　見放されていたのです。　お母さんも言っていました。だから　先生は「（私が）家族の食事に合わせるのは無理（あまりにも食物が片寄っていて）だから　反対に　他の人が（私と）同じものを食べて（私も）食卓の中へ入れなければ　ダメですよ」って　おっしゃりたいんだと思う、と。

それを　聞いたら　何だか　こんな病気になったのが　バカみたいに思えてきました。両親は　私に気を使い私は　妹ばかりにたくさん食べさせ　妹は　そんな私に反発し……　家庭が　メチャメチャになっていたのは　みん

な　この病気のせいでした。

それから　もう一つ　分かったことは　まだ　私は　こころの底から、「治りたい」と思っていなかったことです。だって　ニキビができ始めたから　油を　とらなくなったのに　ニキビが　できない。今も　それが続くのは　おかしいと思ったのです。それに　食物を見ると　すぐカロリーのことを考えたり……今まで（ほんの2、3年前）はチョコレートも　天ぷらも　中華料理も　フライもカレーも　ハンバーグも　アイスクリームも……。何でも　食べていたんです。そういうものが　食べられない。体質じゃないんです。それに気付いた私は何てバカだったろうと思いました。

私は　もう　油は　一滴も「食べられない」と決めつけていた私は……　今は　まさに　飽食の時代　と言われているのに　自分から　アフリカ難民を体験することは　ないのです。このごろ　お母さんや　妹とおやつを　いっしょに　食べてます（今まで　キャンディーも　舐めなかったんです）。

これから（今日から）は　家族と同じ食事に　戻ります。

昨日までは「食事の　盛り付けは　私がやる！」と言って　妹ばかりに　たくさん　付けていました。でも　今日からは　全部　お母さんに　してもらいます。もちろん　私の分も!!

今度　鍋もの（おでんや　鱈ちりや　水炊き）にするときは家族4人で　鍋をつつけます。今までは　私ひとりだけ　小さな鍋で　野菜や海老を　煮ていました。漬け物も　私用に　小皿に分けていました（他の人の　箸の油がつくから）焼き肉も　テーブルに　鉄板を出して　食べながら　焼きながら!!　できます。以前は「油が　はねるからいや」と　私が　言ったので　フライパンで焼いてひとりひとりに　肉と野菜を　盛り付けていました。もちろん私は　他のメニューです。ケンタッキーの　フライドチキンも　私の分は　初めから　買ってきませんでした。アイスクリームや　プリンなども……　私が　いっしょだと　外食しようという人は　いませんでした。日曜の朝食も　私だけ　自分で作っていました。当然　お母さんは　私の　目玉焼きや　オムレツは　作りません。

妹や　お父さんには「明日の朝　パン？　ごはん？」と聞いても　私には　聞きません。
まだ　まだ　私だけ　いっしょでないところは　たくさんあります。
それが　愛情だと　思っていました。
でも　今日からは　違います。
家族と　同じものを　いっしょに　味わいます。
胃が　小さくなってしまったせいか　すぐ　満腹になってしまいますが　もう油は　平気！　これからは　カロリーのことを考えずに　食べすぎないようにします（食べすぎると　すぐ気持ち悪くなるのです）。
さあ　今日の　夕食は　何かしら？　何だか　古代から　タイムスリップしてきたみたいな　気持ちです　今日のおかずは　何ヶ月ぶりかに　口にするものでしょうから！
先生！　早く良くなって　学校に行くね。
もちろん　お弁当は　お母さんの手作りで!!
それでは　さようなら。

◉食べっぷりはまるで別人

第3回。母親は、孤につままれたような面持ちで「別人のように食べられるようになりました」と語ります。第2回の面接の翌々日からコロッと変わったということです。それでも、その日は、W子は「何でも食べられるが、量は少ない」と言って餃子を一つしか食べなかったそうです。ところが次の日には、皆とまったく同じ食事を摂れるようになったのでした。この日、W子はいきいきとした面持ちでつぎのように述べています。「御飯を2杯半食べる。10日で4kg増えちゃった。おなか空くもん。でも、体重が戻れば、量も普通になると思う……」。
ボクたちは呆気にとられて、このまま何の指示も与えないで3週間様子をみようという方針としました。

3週間後はクリスマス・イブ。W子はケーキを焼いてもって来ました。ディナー・セッションのあと、皆でその場で食べます。フルーツや木の実がいっぱい入ったパウンドケーキで、ラム酒の香り。とても美味でした。W子は37kgになっており、目標体重は42～43kgとのこと。モデルは母親。お母さんはW子と身長が同じで体重はこれくらいとのことでした（参考までに妹は、3cm低くて48kg）。

妹とのいさかいは見られず、献立も調理も母親ひとりで行なうようになっていました。母親の作る食事はどうかと訊ねると、W子は「ウーン、美味しいーよー。この頃はいろいろ作ってくれるし」と満面の笑みを浮かべたのです。

ボクが母親に「お母さんも、ずいぶん主婦らしくなりましたね」と語りかけると母親はにっこりしました。

2カ月後のフォローアップ・セッションでは、W子は39kgになっており、ときどき油物を嫌がることはあっても、ほとんど正常といえる食生活を送っており、月経も再来したようでした。食が進まないことがあると、母親は動揺し、父親は冷静でいられるということです。ボクは「そんなことでW子さんはお母さんの〈主婦らしさ〉を確認しているのかもしれませんね」と家族に解釈を伝えました。

◉相手を支配する母親なんて奈辺《なへん》にでも居る

症例を読まれた方のなかには、同時に二つの感想が生じるでしょう。一つは、この家族に神経性やせ症の家族病理と言われてきたものの典型が表われていること。いま一つは、この家族はもともとどこにでも見られるごくありふれた家族であることです。

この一見矛盾した二つの感想が存在するとしたら、読者のなかで家族病理というものはある疾患に特異なものではなく、またある疾患の原因なのか、結果なのか判然としない代物だという印象を引き起こしているからなのでしょう。治療の役にたたない精神病理学は、現在、一掃される機運にあり、治療に役立つ精神病理学は仮説‐検証の過程として、治療経過中に何度も修正を加えられ、ときには、治療者によって新たに創られるものでもある、とする新しい風潮が生まれつつあります。

さて、最初の話に戻ります。この症例では、優秀極まりない患者さんに「〈同じ釜の飯を喰う〉のは本来、家族だと見抜いたチカラ」を見せてもらいました。もうそういう家庭も減ったのかもしれませんが、自分たちの食べているのと、同じ（釜で炊いた）ご飯を毎朝、ある場所に具える風習ならまだまだ日本には残っていますす。それはどこでしょう。マンション暮らしの方だとご存じないかもしれませんが。

お分かりになった方は多いですよね。それは、ご先祖様のまします仏壇です。

そうか、ご先祖様か、それなら内容が繋がっていくでしょうね。というのも、次章の、家族全体の「モノ」シリーズ、有終の美を飾る内容、「家系図」と重なります。

第八章
モノとしての家系図Ⅰ――「家」と登校しない症状

1 学校恐怖症、登校拒否、学校脱落、不登校

子どもが、学校に行こうとしない、あるいは学校に行けないという状態。今、我が国では、「学校恐怖症」という極めて分かりやすい的確な病名は知らないヒトが多く、「登校拒否」という一時は定着したかのような言葉も消退し、両者とはもともと意味やニュアンスの違う「不登校」で何もかも代表させている感があります。英語では、「拒否」のニュアンスとしてはboycotting school, psychological block about coming to school, refusal to attend classes, refusal to attend school, school phobia, school refusal [absenteeism, avoidance, truancy]、「不（しない）」のニュアンスとしてはcutting class, non-attendance at school, not attending schoolと、もっとロジカルで具体性に富んでいます。

表題に掲げたさまざまな用語間の異同については、ここでは取り上げません。「親が子どもを就学させないという家庭の事情とか、子ども自身の身体病・精神病（いずれも顕在化したもの）や非行・怠学という背景がなく、子どもが学校に行かずにいる」状態をここでは、「登校しない症状」と一括しておきます。

症状には、さまざまな因子が関係しているでしょう。心理学上は、発達レベルの個人差（年齢や知能や発達障害の影響）、家族および周囲との人間関係、学業や社会性の問題などが挙げられます。精神医学上は、極めて稀ですが精神疾患の初期症状もしくは随伴症状である可能性もあります。社会背景上は、子どもの数が少ないこと、家族や学校のあり方など列挙できないほど多くのことが介在します。症状の生成への関与はともかく、症状の持続に対してのさまざまな反応が事態をさらに複雑にします。周囲は「登校しない」症状をまずは容認しませんので、登校させようとする刺激が加えられる一方で、昨今のように理解や啓発が進むと、周囲が「特例」として隔絶化させ、生き方であるがごとく解釈して理想化してしまう場合も少なくありません。

2　今や古典となってしまった学校恐怖症

症状の生成や持続にとって家族という因子は、どのような位置を占めるのでしょう。家族との問題に最初に注目したのは、どうやら、あのユング（Jung, C. G., 1875-1911）のようです。11歳女子の症状を、教師に置き換えられた近親姦コンプレックスと解釈しました。その後、「母親が知らず識らず（患者を）子ども扱いし、「子どもに無関心あるいは母親同様に甘い」父親の影響も受けて発症するという説や、母子双方の分離不安に由来する学校恐怖症だとする説が登場します。

分離不安は、子どもと両親（通常は母親）との双方が相互間に親密な接触を保ちたいという強い欲求を相手に向ける関係のなかで生じる、病んだ感情状態のことです。不運な結婚によって母親の情緒が満たされない場合とか、子どもの教師嫌いが高じてとか、学校恐怖症にみられる、多元にわたる「分離不安」のメカニズムを想定したジョンソン一派（Estes, H. R., Haylett, C. H. & Johnson, A. M., 1956）による優れた総説がありますが、挿画（**図8-1〜図8-3**）もまた絶妙で、ボクも若い頃に感動しました。

・**分離不安のメカニズム①**　父親の浮気や酒乱への不満のため母親の情緒が不安定。そのために母親は子どもと結びつ

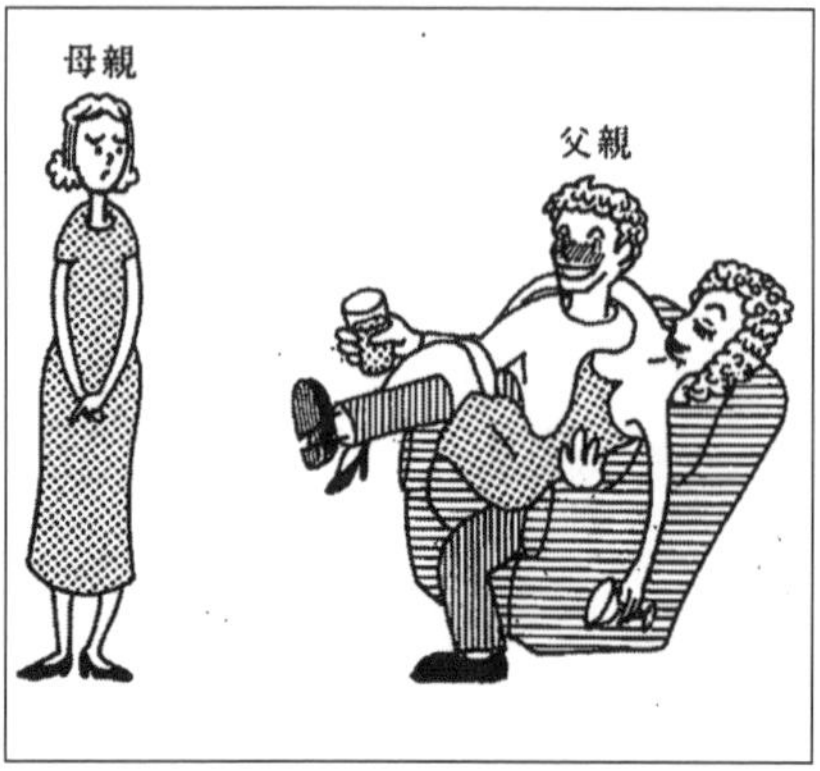

図8-1

図8-2

図8-3

[図8-1~図8-3　Estes, H. R. et. al, 1956, 石川元訳]

きを深めすぎる。
・**分離不安のメカニズム②**　母親自身が自分の母親に支配されているため、そのパターンを子どもとの間で繰り返す。
・**分離不安のメカニズム③**　教師が嫌いなため、子どもはすぐに母親のところへ帰ってしまう。

［エスターＩ・Ｈ・Ｒら、1956より］

治療を通しての経験から、ボクは早くから、「登校しない症状」を、小学生や中学低学年に見られる、いわゆる「分離不安」型と、中・高校生さらには無気力・引きこもり大学生・成人を含む「思春期危機」型とに分類しています。前者は分かりやすく、扱いやすく、それだけ治りやすいと思います。第三章の症例のようなアプローチが極めて有効です。

3　道に迷っているだけの時期

一方、正直に申しますが、後者はといえば、治療の目標をば家族が求める、めっぽう難しい「登校再開」に置いているあいだは、扱いにくく、埒があきません。思春期危機とは、将来、いかに生きるべきかという空想試行の破綻、すなわち、人口に膾炙《かいしゃ》した、阿久悠作詞の流行歌、その表現を借りれば「青春時代の真ん中は道に迷っているばかり」という状態です。年齢がかさむにつれ、周囲からの期待が増大し、また対人関係も複雑になることの影響も大きいのでしょう。高学年になるにつれて、身体・家族・学校でのトラブルといった具体性のある「登校しない」理由を語らなくなり、実際に患者自身も、どうして自分が学校へ行けないのか分からなくなることも多いと思われます。また、身体はその大きさにおいても強さにおいても両親を上回るようになります。それにつれて、周囲からの登校刺激に対する反応は、周囲への暴力に近い形で表現され始めます。昔、統計を取ったことがありますが、身体愁訴の少ないものほど行動化の出現率は大きいです。「暴力」は、患者さんの孤立、両親の権威失墜や優柔不断を促進させ、引きこもりをいよいよ深めます。「暴力」を振るわなくても、こうした状況では、本来歓迎すべきことである患者さんの身体の成長は、両親にとって脅威で、ふとんを剥いで起床させることもできなくなり、昼夜逆転という二次性の症状を現出することになるのです。

扱うのも嫌な、出来ればお断りしたい、捻れに捻れた「思春期危機」型に取り組むとき、ボクの治療意欲は大幅に減退し、自信も喪失します。このときの状態は、また卑近な歌詞を援用すると「古い奴だとお思いでしょうが、古い奴こそ新しいものを欲しがるもんでございます。どこに新しいものがございましょう。生まれた土地は荒れ放題、今の世の中、右も左も真っ暗闇じゃござんせんか」（鶴田浩二が唄う「傷だらけの人生」）が脳裡に浮かんできます。「家」も核家族も知っている世代の「古い奴」として、妙に「家」のチカラに郷愁を感じてしまうのです。「家」が存在していた時代は、家長の圧倒する権力により「思春期危機型」はなりをひそめていたのかもしれないという幻想が鎌首を擡《もた》げてきます。

現代では「登校しない」症状は、子どもに対する親の発揮する指導力や決定権のインパクトをさらに希薄化させているのです。そんなボクにとって、「家系図」を用いる治療は唯一の救いでした。「家」の重みを意識のなかで増大させることによって「思春期危機型」の症状が軽快する症例に出会ったとき、日本人のなかにはまだまだ利用できる「家」意識が存在するのではないか、と希望を繋げたのです。

以下に、普段の方式で乗り切った「分離不安型」（学校恐怖症）とアイデア枯渇の末、新たに家系図を使ってみた「思春期危機」型の症例、その治療経過をまとめておきます。

4 症例研究——登校しない小学生女子

◉「分離不安」型症例と家族

つぎに挙げる症例はいわゆる「優等生の息切れ型」。分離不安の解消が登校再開に繋がったと考えられる症例です。家系図の章ですが、治療には合同家族画を用いています。登校できない子どものうち「分離不安型」（学校恐怖症）の説明をするためここに挿入しました。

11歳女子、小学校6年。登校できないだけでなく、ひとりでいると怖がる、ということで受診しました。父親（40歳）、母親（40歳）はともに教師。弟（9歳）との4人暮らし。患者さんは繊細過敏で負けん気が強いが、弟はいたって暢気で母親に依存しがち。

生来、虚弱でしたが、小学3年生頃より集中して勉強するようになり、学業成績は向上。体育も人並みにと手に血まめを作るほど頑張りました。小学6年生になってからは、夜は午前1時まで、朝は午前5時から勉強という生活でした。ところが1カ月前、「勉強あきちゃった」と言い始め、また「急に怖くなる不安感」が出現したということで、家から外へ出なくなったのです。登校時間になると手足のしびれを訴え、母親が抱くとおさまります。そのため母親は暇を作っては患者さんと行動をともにします。そのうち、ひとりでの留守番ができなくなってしまいました。

遠方に住んでいるという理由などから、母親と1～2カ月に一度受診し、他の報告や指示は電話を利用することにしました。半月ほどして、患者さんが「疲れがとれた」様子だと母親から報告がありました。そこで、母親が付き添って登校するように指示しました。正規の登校ではなく、保健室で自習という形でしたが、成功したようです。

図8-4

ところが、母親が勤務するため帰ろうとすると、あとを追って下校してしまい、無理やり置いて行こうとすると母親の服をひっぱり泣き出す始末。1週間後、ふたりで来院したので、治療者は、母親が朝いったん送ってゆき、15分経ったら、近くに住む祖母が迎えにゆくこと、その時間を一日15分ずつ延長するよう指示しました。

この日、患者さんが行動を起こすたびに母親の指示をあおいだり、母親が患者さんの気持ちを言い当てたりするという母子間のパターンが目に付いたので、それを打破するため、母子の会話量を減らし、言語を用いない接触（日本式英語で俗にいうスキンシップ）を増やす新技法を試みます。合同家族画は合同家族画なのですが、「好きな色を1色ずつ選んで、家族あるいはあなた方とふたりが何かしているところを一切話し合いをしないで共同制作してください」と指示したのです。

「話し合いをしない」という付け足し。そのとき思いついた、新技法の新技法たる所以です。患者さんが人物を描くと母親は細部を加え、テレビを描くと台に色を付け、患者の動作に即時反応して母親が描き加えることが目立ち、「協力」というより「干渉」という印象を覚えました。しかも、指示にもかかわらず、母親は途中、「お母さんがこれなの」と患者さんに告げ、患者さんも即座に「わたしこれよ」と答えたので、「黙ってやりなさい」とこちらも思わず声を荒らげるという一幕もありました（図8-4）。

図8-5

◉娘の動作に即時反応して母親が描き加えた結果

その後の連絡では、祖母に参加してもらって学校に馴らす訓練は、週3回くらいは成功するが、学校にいる時間を1時間以上にするとうまくいかない。休み明けが特に悪いとのことでした。

一カ月半後来院したので、今度は「ぜったいに」一言も喋らないよう、念を押したうえで、再び同じ方法で母子描画を試みます（図8‐5）。後の説明で分かったことですが、患者さんは自身がバレーボールをしているところを描きました、ところが母親は母親で、空白部分に患者さんが丸太遊びをしているところを別個に描き始めました。つまりこの日は、ふたりがそれぞれ描いた二つの患者さん像が、同一画面のなかに重複して出現したわけです。共同作業としては失敗でした。話を聞くと、描画中の会話を禁じたことにより、患者さんの描いている人物が患者自身であることを母親が読み取れず、進行も見とどけないで早合点したことが明らかになりました。言語を使わなければ、互いに疎通しあうことの困難な母子関係がうかがわれます。

◉罪悪感に由来する過剰な言葉

描き終わった直後、母親は「今日はまったく喋らないで描いたが、描きはじめた当初はイライラした。しかし、この子と喋りながら何かしているいつものときよりも、ゆったりした気分にだんだんなってきた」と述べたので、「言葉をたくさん使えばそれだけ娘との感情交流が深まるとお考えですか」

図8-6

と描画から分かったことを明かし、「この子と接する時間が少ないという罪悪感を必要以上に感じておられるのではないですか」と母親に告げます、すると母親は、患者さんとの接触時間の希薄さを、短時間に過剰なほどの言葉を患者さんに浴びせることで代償していたことに気づきます。そこで、さらにこの方法を家庭で週一回行なうよう指示しました。

その後、ほとんど電話での連絡はありませんでした。2カ月後来院しましたが、「最近、学校へ通える時間が増えてきた。ほとんどひとりで下校時までいられるようになってきた。4日前から授業にまで出ている」とのこと。この日、ふたりには、無言で協力し合う形の合同家族画を要請。クリスマスの風景が得られました（図8–6）。

母親は患者さんが描くのを長時間じっと見ていました。母親は最初、友だちを描いていると思っていましたが、だんだん家族を描いていることに気付きます。そこで初めてクリスマスツリーの飾りを描いたり、コーヒーカップを加えたりして絵を補い始めました。家庭で母子描画を行なうようになってから、母親のペースは緩徐となり、母子とも手順や作品制作上の失敗や食い違いはなく、ふたりの非言語疎通性が以前より深まったと考えられました。「自分がこの子を理解し、この子の考えていることを先取りしようとするよりも、この子が表現するのをひたすら見守ることにした」との母親の言葉は印象深いものでした。

5　症例研究――登校しない中学生男子

◉「思春期危機」型症例と家族

症例は15歳男子、中学3年生。中学1年生の9月に、初めて登校しなくなりましたが、それでも2年生までは断続して登校することもありました。3年生になってからはずっと家に居ます。発症当時は頭痛、腹痛などの身体愁訴や、学校へ行きたいが行けないという登校葛藤が見られました。性格は神経質で、もともと大人しいそうです。小学校時代、学業成績は上位でした。10月にボクたちの外来を受診するまでに、児童相談所で2回、面接を受けています。

家族は両親（父親は会社員、母親は教員）、3歳年上の兄、2歳年下の弟および患者さんの5人。家のすぐ隣に祖父母が暮らしています。両親と患者さんとの合同家族画などの結果から、両親は2年以上にわたり患者さんが学校に行かないことに困惑していること、家庭内での患者さんへの評価も非常に低く、各成員の患者さんとの関係は疎遠になっているということが示唆されました。三世代の家族全員を集めることにしました。

第1回面接（11月5日）。両親、兄、患者、弟、祖父の6人が参加。1時間30分にわたり行ないました。子どもが学校に行かないことは、本来家族にとっては好ましくない症状です。そのことは承知のうえで、この症状が家族に役立っていることは何かありませんかと家族に挙げてもらいました。この種の面接ではよく採用される、症状の枠付けをしなおす試みです。家族全員が良い効果として指摘したのは、両親の帰宅時間が早くなったことです。仕事中心の姿勢で毎晩遅いお父さんの帰宅は夕方と早まり、組合活動に熱心で夕食後再び外出していたお母さんも、それを止めたことが明らかになりました。

そこでこちらで「実に家族の幸福に貢献している」点を強調すると、即座に父親は、「自分としては以前のような気ままさが良かったんですよ」と、また祖父も、「家族とは別々の生活をしているので、（両親が）早く帰ろうが、（自分たちには）関係ない」と、症状のもたらした恩恵と自分たちの幸福とは無関係であることが主張されました。現実感を伴わない解釈への一種の抵抗なのでしょう。

◉祖父母がこだわる先祖供養

第2回面接（11月21日）。両親、患者、弟、祖父の5人が参加して、1時間30分にわたり行なわれました。患者さんが2年以上前、学校へ行かなくなり始めた頃家で起こった出来事について全員で話し合うことから始めます。その結果、家族にとっての当時の最たる椿事は、仏壇と墓地を買おうという話が祖父母からもち出されたことだと分かりました。そして半年前、とうとう仏壇と墓地を手に入れたものの、現在に至るまで管理がなおざりになっているようでした。このとき、会話の流れに沿って、「ご先祖様」という言葉が登場したので、急遽、家系図を作成することにしました。杳《よう》として先が見えなかったからです。

◉家系図の臨床応用

昨今、多くのヒトは家系図などというものとは無縁です。少し迂回して、皆さんに、家系図そのものの説明をしておく必要があるでしょう。従来、歴史学、遺伝学といった基礎研究あるいはケースワーク、カウンセリング、家族査定、自己分析などの応用実践において多用されていますが、我が国ではあまり治療に導入されることはありません。ボクの場合は例外で、早くから、家族全員を扱う途上で、治療方針が混乱を来したり、治療者・家族間の膠着状態が続いたりしたとき、3世代以上の家系図を、家族と共同制作する試みを重ねて来ました。

まずは、大枠となる骨組みをつくり、次に家族成員の陳述をもとに、家系図上の似通った人物や関係を色分けしていきます。その家族の伝統や神話、あるいは繰り返される対人関係のパターンを、家族や治療者チームが一見して把握することを可能にするからです。

つい先刻、「杳として先が見えない」と書きましたが、ここでぶっちゃけた話をするなら、治療で先が見えないときの時間稼ぎです。ところが、時に思わぬ効果があります。

◉時空を遡《さかのぼ》るブーメラン

治療が八方塞がりのとき、家系図は一気に過去に遡ることで、現在の問題に直面したくない家族の強硬な構えを和らげながら、連綿《れんめん》と続く代々の家族が得て来た家系図自体が有する、その家族に固有で最適なパターンを指し示してくれるのです。生物レベルだけでなく、文化レベルでも、すべては「遺伝」するのですから。

そして、過去から現在へという家系図自体の有する時間方向ゆえに、いにしえに放り投げた問題は、過去の有力情報を満載したあとで、ブーメランのように現在へと立ち戻るわけです。

家系図の膨大な情報のうち、臨床にとって有用な部分を説明しておきましょう。まずは米国発祥の、治療に援用しやすい「ジェノグラム」について、続いて我が国の家系図の特徴について述べます。前者で用いる記号（**図8-7**）は、グローバルに通用しますし、本章での症例、その家系図を読むのに、たちまち必要となります。後者については、本章の副題である「〈家〉と〈登校しない症状〉」が示唆しているように、症状の社会背景だとボクが秘かに思っている「家」について検討する必要があり、紙幅を費やします。ボクは、学校恐怖症、特に母子分離困難な症例以外の登校しない症状には、「〈家〉制度の変化もしくは崩壊」が大きく関与していると考えているのです。

◉ジェノグラムとは

ジェノグラムも家系図の一種ですが、「家系図」そのものではありません。genogramという単語は、英英辞典でもほとんどのものに掲載されておらず、ランダムハウスでの１９８６年が嚆矢で唯一です。それによれば、gen-o-gramで構成された新造語とされています。

皆さん、このgenは何だと思いますか。起源（genesis）でも遺伝子（gene）でもありません。それが、まさしく特徴でもあるのですが、家系図ではどこがいちばん大事なのかを物語っています。ヒントは第一章の、ある概念。それを思い出してください。もうお分かりでしょう。

家系図では、縦に積むのが親子、つまり異世代の関係、横に並ぶのが同胞（きょうだい）、つまり同世代の関係で、「親は親、子は子」という境界が鮮明です。そこには、第一章でお話しした世代間境界というものが明示されているのです。

したがって、ここでのgenは世代（generation）という意味です。そして、単なる「家系図」に留まらないのは、ジェノグラムに続柄以外の情報から、果ては異世代もしくは同世代間の相互作用まで盛り込むことができるからです。今は、「家系図」との混同を避けるため「ジェノグラム」という、そのままの訳語を採用していますが、マニュアルが和訳されており、臨床現場で必携のロングセラー本です。M・マクゴールドリックほか『ジェノグラム（家系図）の臨床——家族関係の歴史に基づくアセスメントと介入』（２００９）。この本からまず「ジェノグラムの標準シンボル」を引用（図8-7）します。次に、同書より、モデルケース（伝記や人物研究で詳細が知られた有名人の家系）の一例として、世代間の相互作用が存分に表示されている、劇作家ユージン・オニール（O'Neill, E.）の家系図を紹介しておきましょう（図8-8）。

オニール家のジェノグラムは「世代を超えて繰り返される」「緊密、距離、対立といった関係のパターン」の見本として挙げられています。すなわち、「多世代にわたって父子間が疎遠であることを示している。

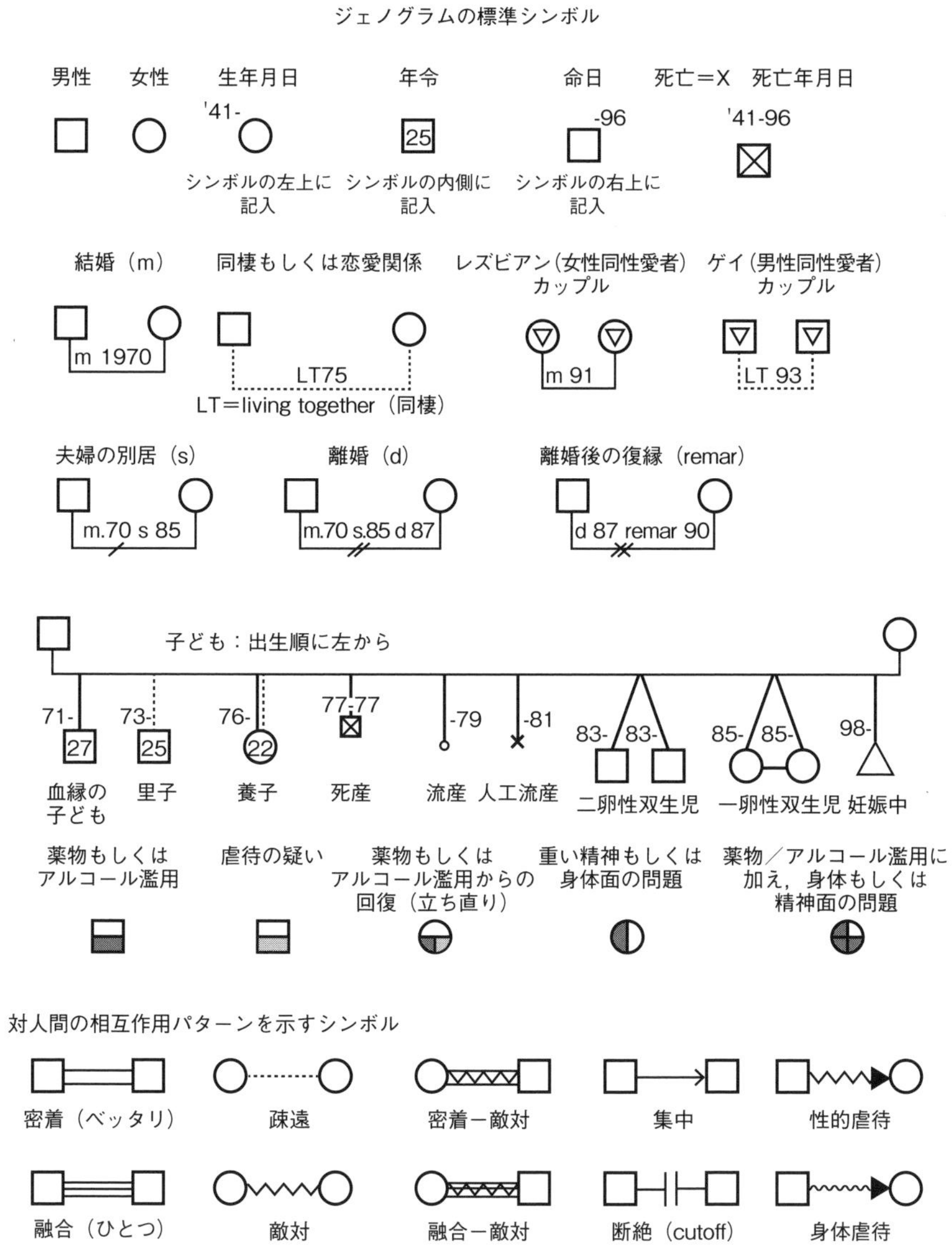

図8-7　　〔『ジェノグラム（家系図）の臨床』ミネルヴァ書房、p.270〕

オニール家の血縁と三角関係

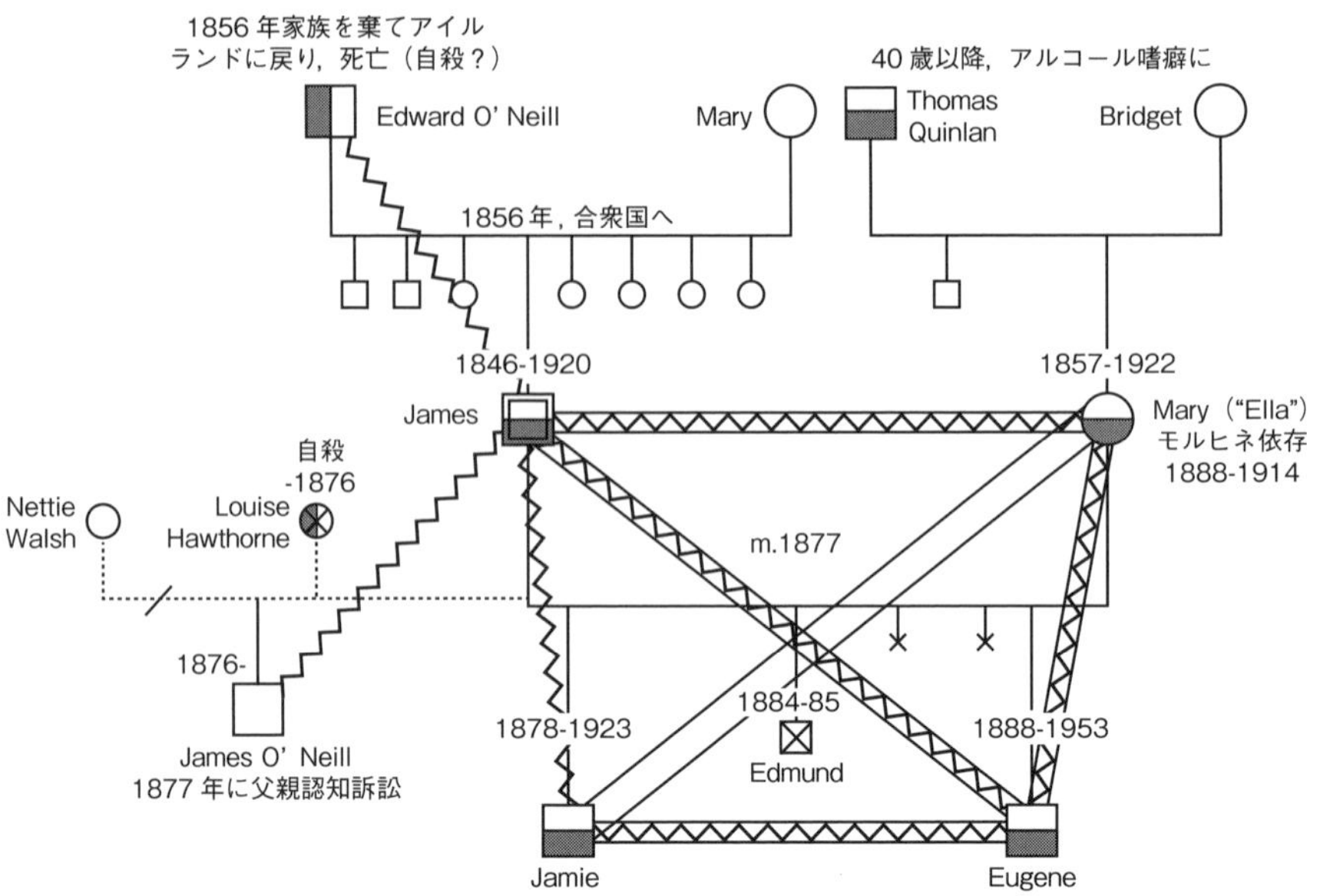

図8-8　〔『ジェノグラム（家系図）の臨床』ミネルヴァ書房、p.152〕

ジェームズ・オニールの父親は、家族を棄てアイルランドに戻って、おそらくは自殺をしたと思われる。ユージンとその兄ジェイミーは、情緒上も経済上も父親に依存する一方で、ともに父親を嫌い、またこの3人は母親が薬物嗜癖になった責任を互いに押し付け合っていた。次の世代でも、劇作家ユージンは、娘ウーナがチャールズ・チャップリンと結婚してしまうと、ウーナと会うことはもちろん名前を口に出すことさえ拒否した。また息子シェーンの長男がネグレクトのために死んでしまうと、シェーンに対しても同じ態度をとった。長子のユージンJrに対しても事態は変わらず、ユージンJrが、12歳になるまで、面倒を見ようとしたことがなく、後にこの息子が自殺を図った時点でも遠ざかったままでいた」、さらに「反復の例としては、各世代、母親と息子の間に特別な同盟が……（中略）……見られる」と解析されて

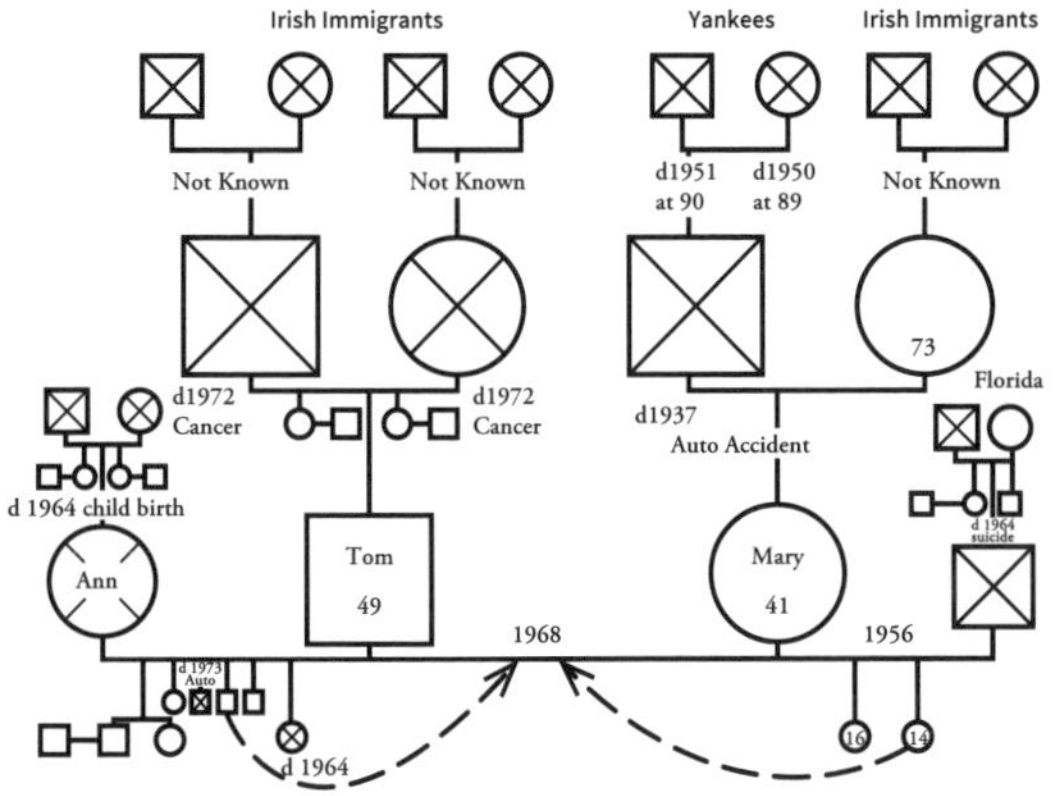

図8-9　[Guerin, P. J., 1970]

います。そして一般に、「このようなパターンが予測されることとか、多世代にわたるプログラミングが関与していることとか」の認識はそのまま治療に繋がるので、息子に「両親との関係を意識して改変する道も開ける」としています。「パターンについて認識させることで、それを次の世代まで持ち越さないよう家族を援助できる」のです。

◉日本の家系図、その特徴

わが国の家系図の特徴。その筆頭は、大多数の家族が単一民族で構成されていることでしょう。**図8-9**は米国での多民族家族の例です。皆さんが日本で身近に見る平均家族との出自の差は歴然としています。

第二は、「家」の存続とも関係深いのですが、先祖崇拝、すなわち子孫より先祖を重視する傾向です。家系図に含まれる方向性が欧米と異なるのです。欧米では家系図は樹に喩えられ、ファミリー・ツリーと呼ばれたり、語源が「足」を意味するペディグリーと表わされたりしますが、これらの言葉から類推される方向性は、遡及式。すなわち子孫を大本として、先祖へと時間を遡るものです。一方、わが国をはじめ東洋の国々では、流下式。すなわち、先祖を基本として子孫が存在すると考え、

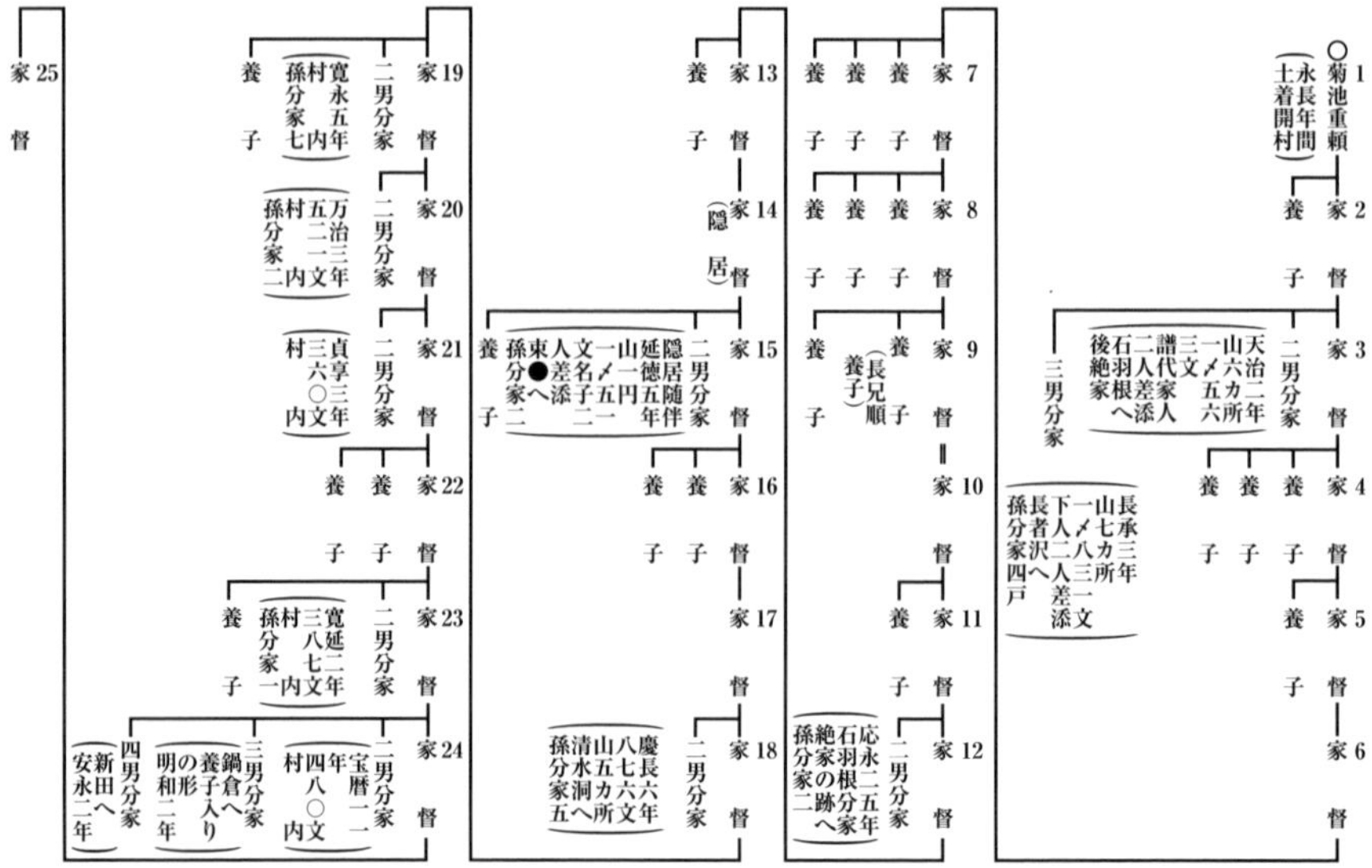

図8-10　［竹内,1969］

時間とともに降りて来るのです。

第三は、家系が必ずしも血系とは限らないということです。外国の歴史を見ますと、一つの血系の王朝が廃絶し、傍系が王位を継承すると、多くの場合、その王朝の名称が変わっています。ところが、我が国では、「血」というより「家」を媒介にした流れが古くから見られるのです。たとえ血縁でない養子をもらっても「家」を継がせようとしてきました。また、血縁の同胞が居る場合、欧米では記載は年齢順（文字と同じように左から右へ：日本の古い時代は右から左へ）ですが、我が国では必ずしも年齢順ではなく家督（家を継いだ者）から記載し始めています（図8-10）。

第四は、我が国では古来、家系により社会での処遇が異なるという根強い伝統があり、家系を可能な限り美化しようとする努力がなされてきました。そのことは、「家」の素性を誇り、先祖出自の栄誉を担った家名に恥じないように自戒するといった道徳効果として作用しました。その一方で、古くは家系を偽ること（偽系図、系図知り、系図買い）が横行。他家から系図を買ったり、専門家に新たな系図を捏造させたりもしたのです。

わが国で家系に価値が与えられたことは、個人より「家」を重視する傾向を生んできました。このことは、いろいろな場面で、個人の独立と相剋します。近代日本の文学には「家」と個人の対立を主題にしたものが多くみられます。「家」というものには、長年の文化が作り上げて来た重みがあり、たとえ幻のものであっても個人を左右する力をもっていたのです。

ところが戦後、アメリカ軍による政策を受け入れて、日本の、縦の関係を中心としたピラミッド型の「家」制度が弛《ゆる》みます。さらに１９５５年（昭和30年）以降は、「家付き、カー付、ババ抜き」という言葉が流行し、徹底した核家族化が高度成長とともに進行しました。

以前、「家」についてのデータを調べてみたことがあるのですが、いくつかの調査では、１９７０年（昭和45年）前後に、「家」をめぐる直系家族制度と核家族制度とは、前者が圧倒していた時期をすでに終え、併存し競合し始めています。昨今ではこのような調査さえ行なわれなくなってしまったので、この時点から推測すると、現代日本の家族では、直系家族制度（養子をもらってでも「家」を存続する）はごく少数派になり、それでも伝統ある「家」意識が存続しているとしたら、核家族単位で「家」が意識されているのかもしれません。さらに、核家族においては、成員が自由に生き方を選択するようになり、家長の権限はだんだん失われ、「家」の発揮する指導力や決定権のインパクトは希薄になって来ている、と考えられます。

生活環境のなかで、個人が自力で同一性を獲得していくことは、成人する過程では必要不可欠なことです。自分の道を独自に切り拓いていくタイプの、ほとんどの個人は難なくそれをやってのけます。しかし脆弱な個人はそれができず路に「迷う」のです。「家」に家業があり、家長によって個人の生き方がすでに規定されていた昔、「家」が存在していた時代には、そうした「脆弱な個人」に対して、家長の圧倒する権力が路を教え与える機会もあったでしょう。

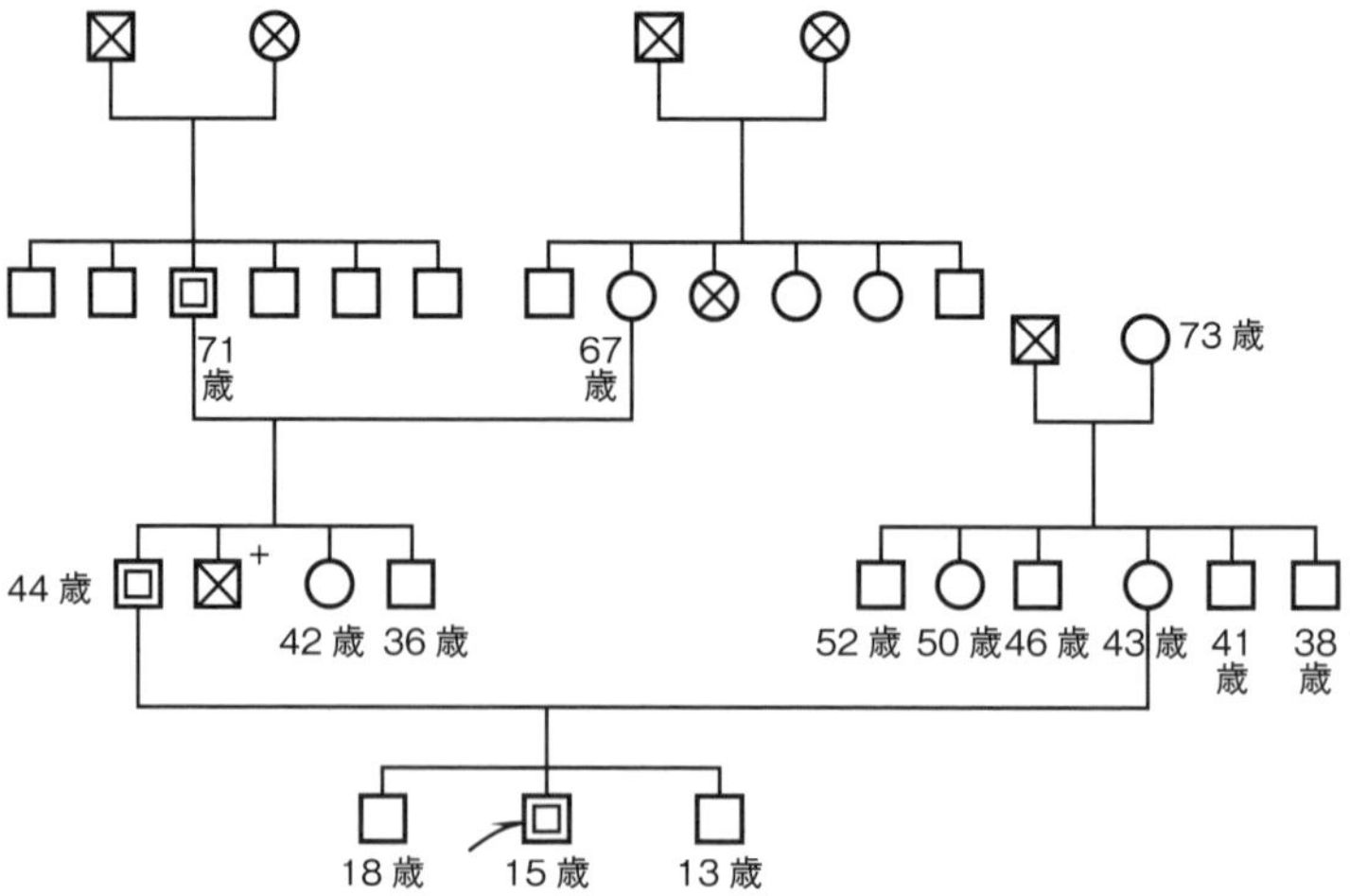

図8-11

ボクのいう「登校しない」症状のうち、分離不安型以外の「思春期危機」型は、将来いかに生きるべきかが掴めていない状態です。加齢に伴い、内外からの刺激によって身体・社会・家庭をめぐる課題が増大し、個人の処理能力を越えてしまって、それが「登校しない」形となって現われるのです。ボクには「家」の軽視と分離不安型以外の「思春期危機」型の増加とは無関係とは思えません。

◉「ご先祖様」と「跡取り」

症例との面接の第2回に話を戻します。家族に、「登校しない」症状が出始めた頃の家での出来事について話し合わせると、ちょうどその頃、仏壇と墓地を購入したことが分かりました。ところがその後、仏壇などは管理がなおざりになっていたことから、〈登校しないで家にいるということは、家を守っている〉という連想が湧いたので、患者さんに対して「これから毎日、仏様のお世話をなさい」という課題を与えました。

なおこの回、家系図（**図8–11**）を聴取する過程で、患者さんや兄弟たちはその存在を知りませんでしたが、父親の同胞にひとり、子どもの頃亡くなったヒトがいるとか、祖父は6人兄弟の3番目で、その父親と長兄に迫害され、いつも家のなかで皆が嫌がる役割を果たしてきたとかも、少しだけ語られました。この話は、また、のちの回に蒸し返されます。

第3回面接（12月5日）。両親、患者、祖父母の5人が参加し、1時間15分にわたり行なわれました。再度、頓挫です。患者さんは仏様の世話をしなかったとのことでした。

そこでなぜ患者さんが課題を実行しなかったかという話から始めます。結局、会話の流れで、仏壇の世話は家の跡取りとなるものが行なうべきという意見が出て、それなら誰がなるかについての議論を招来しました。「跡取り」。あらたな問題提起です。祖父母は、当然長男（患者さんの兄）の役目だと強く主張。母親は三男（患者さんの弟）が家に残ってくれるだろうから三男に決めていると語り、父親は長男か三男だろうと述べ、それぞれ譲りません。

会話のなかで、祖父母も両親も、少なくとも患者さんだけは絶対に家の跡取りとなることはなく、必ず家を出ていく人間であると信じていることが浮き彫りになりました。どうやら、小学校時代に「僕は将来この家を出て行く」と宣言したことに起因しているらしいのですが、凄い展開です。次男（患者さん）は、いつのまにか、「〈家〉にとって要らぬ子どもである」という運びになってしまっているのです。「登校しない」影響もあるのでしょうね。

そこでこちらは、「全員が揃って家を出ると信じていた患者さんが現在（登校しないで）家にじっとしているんですね」と語ると、両親と祖父母は、突然何かに気づいたように顔を見合わせました。そこで「〈家〉には不要な子どもが、登校しないで家にいるのはとても不思議ですね」と再度切り出し、次回までにあらためて「跡取り」を決める話し合いを家族で持つことを課題に出し、その回を終えました。今まで、この家族の面接では味わったことのなかった手応えがありました。「困ったときの家系図頼み」という打開策に感謝です。

◉タイト・スカートとフレア・スカート

第4回面接（翌年1月14日）。両親、患者、弟、祖父の5人で2時間にわたり行なわれました。前回の課題である「跡取り」は、家族の話し合いでは決定できませんでした。また頓挫です。

個人（特定の家族成員）に何かを押し付けようとするパターンはどうも家族の抵抗を呼ぶことが分かりました。これは貴重な情報です。この「家」の伝統といえます。祖父と父親のそれぞれが苦労したことでの教訓なのでしょう。

しかし、頓挫は頓挫です。再び家系図に戻るしかありません。今までの面接の流れからこの家族は、①各成員でその関心の度合いは異なるものの、家系というものに興味を示している、②現在の家族成員個人に追求が及ぶと抵抗を示す、という二つのことがこれまで判明したことです。

家系図に沿って、先祖の話題から始めると、祖父は、その父親と仲が悪く、また「跡取り」である長男とも関係が良くなかったために、当時生活が困窮していたこの一家のなかで、特に祖父ひとりがその犠牲となり、教育も受けることなく働かされ、年を取ってからは財産分けもなく追い出されるように家を出たという話を、祖父みずから告白し始めます。2回目にも雑談のような形で一部が語られた内容ですが、今回は聴いていて迫力を感じました。

相槌を打ちながら仔細を訊きだします。すると、驚いたことに、それに触発されたのか、今度は父親が、自分も同様だったと吐露し出します。本当は行きたい大学があった。遠くなので下宿して、将来は弁護士になりたいという夢を抱いた。ところが、家が貧しく下に弟、妹がいたために、結局、近くの大学を選び、卒業後もすぐに働かざるを得なかったというのです。祖父や父親のこういった話を家族揃って聞くのは初めてとのことでした。

祖父、父親と、「一家のしわ寄せ」を受ける人物が、各世代ひとりずついることを指摘。患者さんの世代へと話を進め、前回での「跡取り」のように、家族に候補を挙げさせます。すると母親が、「そういえば、この子（患者さん）には、小さいときから服を買ってやったこともない。いつもお古を着ていた」と言い、父親の方も「兄弟の意見がまとまらないときはいつもこの子に我慢させていた」と語ります。つまり、「しわ寄せ」（図8-11の回模様：「標準シンボル」ではありません）を、患者さんが受け継いでいるという結論になったのです。

そこで、ボクは「タイト・スカートのように、腰にぴったりくっついているので、常にしわを伸ばそうとして、一箇所にしわが寄るのではないか。フレア・スカートのように、最初からしわを全体に広げていく工夫がなされていればよいが、タイト・スカートでは無理がある」と指摘します。すると、母親が、患者さんの成績が一時落ちたとき、叱りはしないが「できて当たり前なのに」と両親が期待した「勉強の重圧」も「しわ」だったと同調してくれます。

この回に、それまで個人の問題として「迷い」を抱いていた患者さん。自分の「迷い」が、家系のなかで、少なくとも三世代繰り返されたものと解釈され、気持ちが大きくなったように見えました。

「誰かひとりが悪い」と考えてはいたものの、そう思うことに抵抗もあった優しい家族は「フレア・スカートのように、全員でしわを引き受けるべきだ」との方向をあらためて目指し始めたようです。母親はといえば、「この子は自分で嫌だとつっぱねることができるような子ではないので、しわ寄せを受けたんだ」と患者さんにこれまでなかったような理解を示しました。

◉家庭内での地位向上

第5回面接（2月17日）。両親、患者の3人で一時間にわたり行なわれました。家族の側から再び、前回の「しわ寄せ」のテーマを持ち出してきたことには、こちらも驚きました。

前回のスカートの「しわ」の話を母親があらためて考えたというのです。お母さんは「この子が登校しなくなったことで〈家〉の重みや今後〈家〉の辿る道がみえてきました」と述べました。

問題は患者の世代に留まるものでなく、〈家〉の歴史へと家族の目が行き、タイト・スカートのような〈家〉の在り方に無理があったことに皆が気付いたようでした。両親は、現在の〈家〉にとって患者さんの症状が役に立っているとつくづく感じたと語ります。

患者さんはといえば、これまで俯きがちで無口だったのに、打って変わって生き生きしているように見えます。家系に照らして自分の生き方を考え、路ができたらしく、表情も明るく、発言も多いのです。

約一カ月半後（3月27日）、治療効果の評価のために合同家族画などを行ないました。家族のパターンは改善されていました。同時に施行した心理テストの一つである、家族評価テストでも、患者さんの家族のなかでの地位は向上しており、また、以前は足並がそろわなかった家族が一つの目標に向かう姿が示唆されました。

その時点で患者さんは、3学期の期末試験を受け、また、いずれ高校へは行くつもりであるがそれまではアルバイトをすると決意したこと、さらに、今は働きたいので仕事をひとりで探していることを報告しました。表情は明るく、言葉の歯切れもよかったので、必要があれば単身、外来に来るよう指示しました。

第九章
モノとしての家系図Ⅱ——登校しない症状以外での応用

1 ここまでのまとめ

前章の症例は、家系図のなかに個人の「迷い」を位置づけることで、家系のなかでの「迷い」の役割や意義が明らかになり、それが「思春期危機」として錯雑していた同一性の獲得に役立ったケースだと思います。「同一性」についての説明がまだでしたね。意味の分かりにくい訳語です。元の英語「アイデンティティ」(identity)のほうが、耳慣れた向きもあるかもしれません。「同一性障害」は「アイデンティティ・ディスオーダー」(identity disorder)です。「アイデンティティ」があるということはどういうことなのか。自信とか、実感ということではありません。過去と未来との自分のあいだに現在の自分を位置づけられる、ということなのです。自分は何処から来て、奈辺に行くのだろうという認識ができる状態です。ここまで書いてきて、なぜ「思春期危機(同一性障害)」に家系図だったのかが、閃きました。家系図こそ、自分の出自と未来のあいだに今の自分の姿を描く作用があるのではないでしょうか。

家系図は個人の独立にとっての通過儀礼でもある危機のなかで、個人と適当に距離を保ちながら個人を擁護してくれる適切な場なのです。自分だけのものだった、無意味な「迷い」が、氏素姓をもった伝統あるものとして、患者さんにも家族にも捉えられることで、症状の価値も患者さんの地位も上がり、「道に迷っているばかり」だった個人が同一性を獲得できる契機を得るのです。

わが国には、「家」への依存、方角や家相による辻褄合わせなど、個人の葛藤を外在化（自分の外にあるモノに思いを投射）させることによって多くの個人が救われてきた歴史があります。「家」制度が廃退したとはいえ、日本の文化として、われわれの精神のなかにまだまだ残っている「家」の重みを、家系図聴取を通して増大させることによって、思春期危機での「迷い」の状態以外にも、多くの病態に役立つのではないでしょうか。

あとがきである終章を除けば、これが最終章となりますので、モノとしての家系図を援用したいくつかの症例を中心にボクの貴重な経験を紹介しておきましょう。

2 症例研究——自己臭恐怖の女子中学生

◉拡がる匂い

14歳の女子中学生。自己臭恐怖といわれる特異な症状で受診。自分の肛門の匂いが他人を不快にするという訴えです。こういう状態は、統合失調症の初期症状として出てくる重症型もありますが、この程度であれば、いわゆる「神経症」の範疇にあり、思春期なら誰にでもある自意識過剰が少し深刻になったものと考えたらよいでしょう。

症状が出てからすでに半年を経過しています。学校の紹介で来院しました。そういうことは珍しいですね。両親と兄、弟の5人家族です。病歴を聴取するうち、兄に神経性胃炎、弟には腹壁ヘルニアの既往があり、母親にみられた慢性中耳炎の極期を含め、医療機関を受診した期間はそれぞれ重複していません。

家族合同面接を行なうことにしました。適用した方がよさそうな感じがしたからです。

第1回。家族成員が患者さんの症状をどう受けとめているかを聴取しましたが、そのうち、患者さんの症

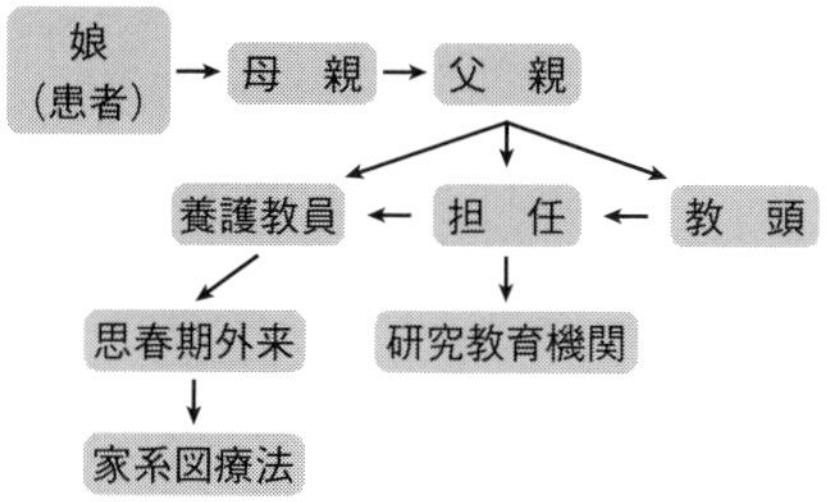

図9-1

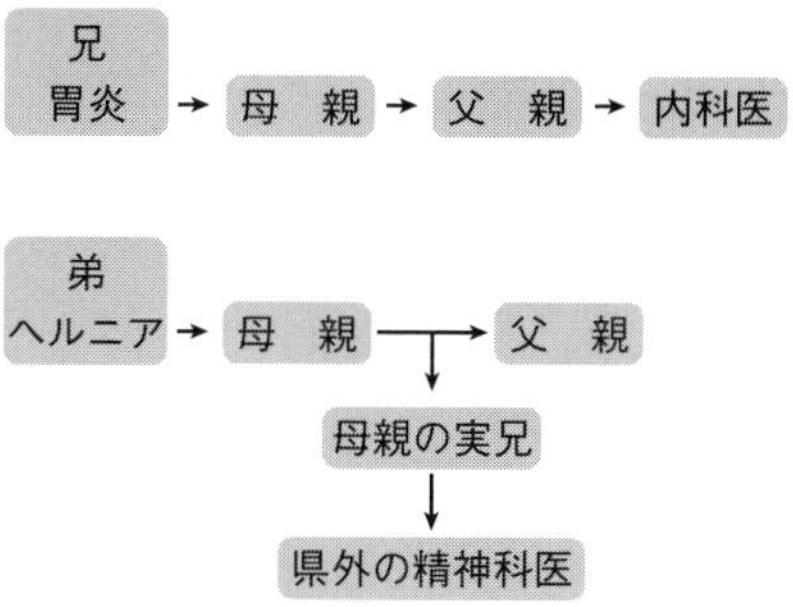

図9-2

状を周りが知るようになった経路に話題を絞りました。「学校の紹介」が気になっていたからです。

すると、PTAの役員をしている父親は、患者や家族に相談することもなく、すぐに校長や副校長に相談し、さらに話を聞いた養護教員が、ボクたちの外来を勧めたとのことでした（図9―1）。一方、患者の兄の胃炎や弟のヘルニアの際の家族の問題解決の経路について訊ねると、兄が母親に言って、母親がそれを父親に伝え、内科に行くことになったそうです。弟は、これはまあ完全に身体の病気ですが、ヘルニアがありました。本人が母親に相談。母親が父親に話し、母親の実兄が外科に知り合いが居て、その繋がりで県外の病院に入院することになったそうです（図9―2）。

窓口は常に母親だという共通点はあるものの、自己臭恐怖での経路とはあまりにも違います。自己臭恐怖のときの父親による家族外への拡がりには何かもっと背景があると思えました。

そこで詳しく訊きます。患者さんは当初、症状をものすごく恥ずかしがっていましたが、自分ひとりでは抱えきれず、ついに母親に話したのです。母親が父親に伝える際は、症状が症状だけによく口を滑らせる父親のことを考え「あんまりよそには話してほしくない、この子が密かに悩んでいることだし……」と要望しました。もちろん、「治したい」という気持ちがあるので、どこかへ相談しなければとは思っていたのですけれども、話を必要以上に広げてほしくなかったわけですね。ところが父親は、「それは大変だ」と、学校のPTAをやっていますから、まず養護教員に話し、担任にも、教頭にも喋ります。教頭は、養護教員と諮って教育機関へ相談するよう担任に指示します。養護教員の方は、「これはちょっと学校では手に負える問題ではない」と、ボクたちの外来に紹介してきたのです。医師というものは、患者さんや家族に診察の冒頭に、「どうしてここに来られましたか」と常に訊ねるものですが、こうした経路がこの症状にとっても意味のあることだとは、このときは考えてもいませんでした。

◉三世代家系図の導入

その後の面接は、お母さんの耳が聞こえにくいために、非常にぎくしゃくしたものでした。2回目、3回目と回を重ねても、なかなか事態が展開しません。得られた情報は、母親が外出嫌い、父親はその逆で「役好き」、患者自身の社交性はふたりの中間ということや、自己臭恐怖が出現した直前に、父親が新たな役についたこと、先ほど述べたように、自己臭恐怖という「年頃の娘の恥ずかしい問題」を、母親は当初家のなかで解決しようと考え、父親に相談したのに、父親が家の外へ広めてしまったことに不満だったということでした。

4回目に家系図（図9-3）を聴取することにしました。家族と家系図の作成を進めるうちにさまざまなことが分かってきました。患者の父方の祖父（図9-3のなかのⅢ-2）は頑固一徹。農業を営んでいましたが、村会議員のほか、養豚組合の組合長や愛馬連合会の会長、土地改良の理事長など多くの役職を引き受けていたとのこと。逆に、父方の祖母（図9-3のⅢ-8）は、若い頃から病弱で、目立たないヒトだったそうです。

父親の同胞は6人。このうち先代に似て役の好きなのは次男（図9-3のⅡ-2）と四男（図9-3のⅡ-5：患者の父親）で、他の兄弟はどちらかというと先代の方針に逆らって「個人主義」だと分かりました。そして、

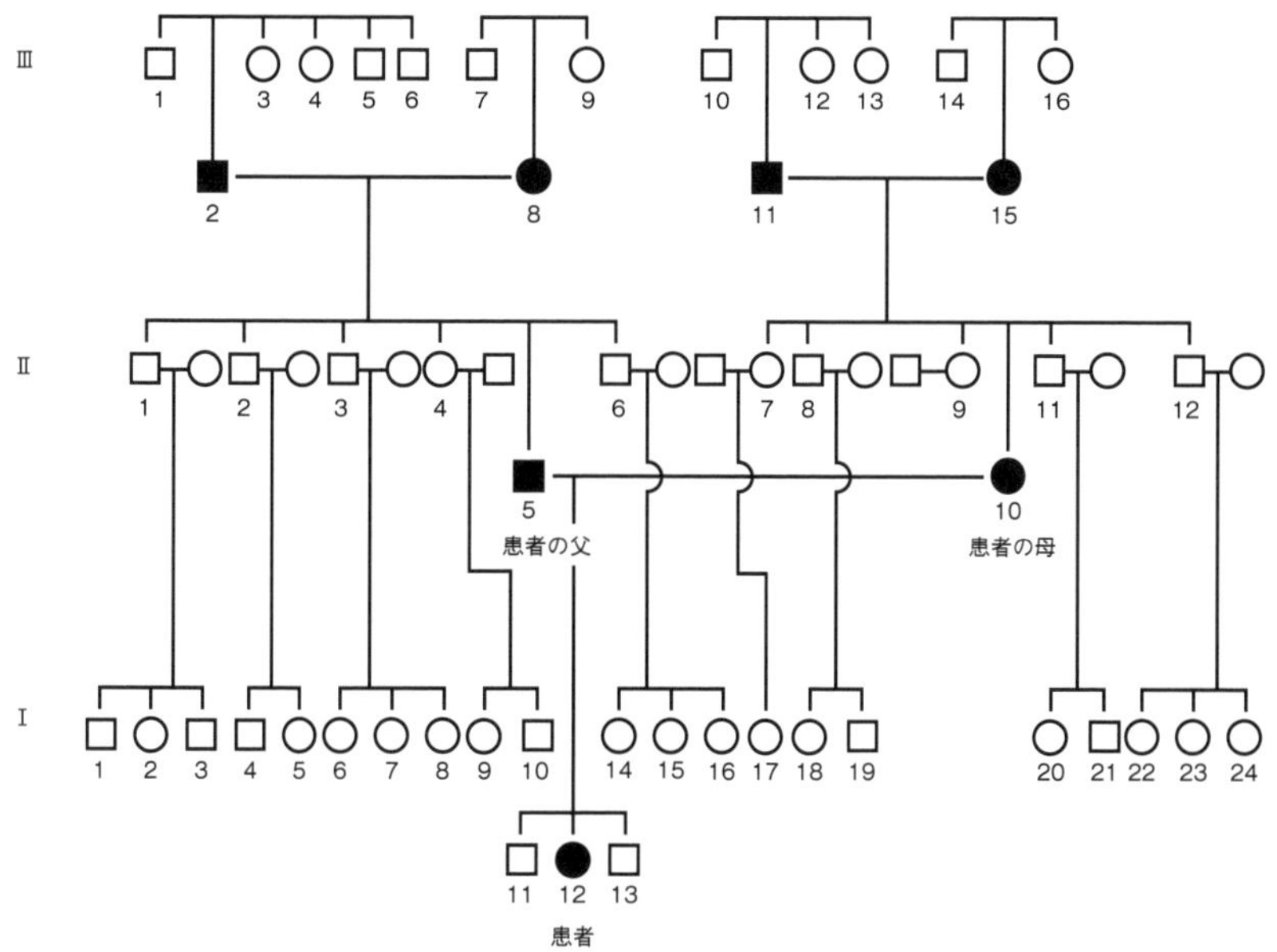

図9-3

家族全員の討論の結果、患者の世代で役の好きな係累は父親ソックリな患者さんの弟（図9-3のⅠ-13）に、父親に逆らう係累は神経性胃炎をきたした患者さんの兄（図9-3のⅠ-11）に受け継がれていることが確認されました。患者さんだけには、父方のふたつの特質、その両方がみられる、と家族全員が合意に達します。

一方、患者さんの母親の家系はというと、患者さんの母方の祖父（図9-3のⅢ-11）は、奇しくも町内会長を務めたことがありました。ところがその妻（図9-3のⅢ-15）は病弱で、患者さんの母親が17歳のときに亡くなっています。夫が役ばかりに走って家族を顧みないことを、患者さんの母親にこぼしていたということです。父親の系統と共通したパターンが見られたので、話は「役」ということに集中しました。患者さんの母親、その同胞のなかでは、長女（図9-3のⅡ-7）と三男（図9-3のⅡ-11）は「役」が好きなタイプですが、患者の母親（図9-3のⅡ-10）を含め、その他の4人は目立たない人たちで、何よりも家庭を大切にする傾向があると分かりました。

◉「役好き」と家庭中心との相剋

このように患者さんの両親、その家系に、「役好き」と家庭中心の二つのタイプがあるという話が進むにつれ、多弁だった父親の口は次第に重くなり、逆に母親は前よりも生き生きとしてきたようでした。

ここまでくると、あとは、こちらが家系図から読み解いたことを家族にどう伝えるかです。、自分のなかに閉じこもっているはずの匂いが外へどんどんどんどん漏れていく娘の恐怖感と、夫が次々と外へ役を作っていってしまって、家のことをかまってくれないというお母さんの気持ちとを、同類と見做すことにしました。両者が結びついて、特に患者さんのなかで、訳が分からずただ怯えるしかなかった症状の脅威が、起きるべくして起きたものという納得に繋がれば良いのです。こういう関連づけをメタファー、隠喩といいます。

メタファーは直線論理を越えた想像の産物ですが、作り話でもこの家族が、家族のメカニズムを提示されたような気になれば、それで家族は新しい見方ができるのです。

家系図をつくり終わったとき、患者さんの自己臭恐怖という症状が家の外へ外へと流れていった伝播経路と、二つの「家」に見られる伝統である「外へ外へ」の係累とを重ねあわせる説明は、その場に居合わせたスタッフにも家族にも、そして患者さんにも容易に理解してもらえました。そこで、父親がこれまでよりさらに多くの役に付き母親の悩みが頂点に達したとき、お母さんのそれに対する抵抗が娘の症状に姿を変え、あらたに始まったことを引き合いに出したうえ、「外での〈役〉好きな夫とその犠牲になっている内気な妻というパターンは、両親それぞれの家に見られる共通のものです。今回の（患者さんの）症状は〈外へ外へ〉という父親に警告を発して、母親を守ろうとした〈家〉思いの素晴らしい症状です」と解釈しました。「親の因果が子に報い」ともいえる、この種のメタファーは実に、日本人には馴染みやすいと思われます。

次の回に家族が来院したとき、患者さんの症状は消失していました。いわゆる「神経症レベル」、軽症の範疇だったということにもなります。

その後も再発をみず、患者さん自身の話では、父親は以前より家庭中心になり、母親は少し自己主張できるようになったということです。

3　症例研究――精神病嫌いの専業主婦

◉親戚の家を焼き自殺

家系を重視するあまり、系図買いや偽系図が横行したのも日本ならではの「家」文化です。ペテン行為めいた際どいお話をいたしましょう。

症例は、39歳主婦。夫（43歳、会社員）、長女（高校3年）、長男（高校1年生）の4人家族。一般外来の初診として来院し、「親戚の家を焼いて自殺したい」と涙ながらに訴えました。内職も、子どもの世話もできずに、部屋にこもりきりで、食欲はふだんの半分に落ち、体重は7kg減少。入眠困難も見られるとのことでした。もちろん、家系図を使った治療を求めて受診したわけではありません。

患者さんは、昔から頭痛持ちでした。小学3年頃から朝目覚めてしばらく経つと、吐き気とともに眼から眉の部分を中心にズキズキする痛みが週に一回くらいあり、悪天候や疲労・緊張で悪化しました。中学へ入学すると頭痛は消失します。家は裕福ではなく、患者は新聞配達をしながら通学。中学卒業後は、外科の医院で看護助手を勤め、4年目に外傷の手当てを受けに来た現在の夫と知り合い、結婚します。当時、夫は遠洋漁業の船乗りでした。

患者さんの両親は、この結婚に猛反対。相手が、近隣でとかく噂の絶えない家の子どもだったからです。

しかし、患者さんは忠告に耳を貸しませんでした。

夫は5人兄弟の3番目で、姉ふたりと弟ふたりのあいだに挟まれた長男でした。家業は継ごうとはせず、中学卒業後、海に出ます。結婚後、患者は夫の実家で留守を守ることになります。姑《しゅうとめ》は、脳卒中で52歳のときに他界しており、舅《しゅうと》とふたりでの暮らしでした。

◉舅の艶聞

結婚2年後に長女、翌年長男が生まれます。ところが、それからさらに2年後に、舅は「女狂い」して、水商売の女性の家に入り浸るようになりました。舅は、女性の借家に同棲するとお金が掛かるので、その女性をもともと暮らしていた実家に連れて来たくてしょうがなく、遠洋へ出掛けている夫の留守を守っている患者さんを訪れ、執拗に交渉しますが、患者さんは断固として拒否します。父親の肩をもつ義姉のひとり（患者の夫、その二番目の姉）は、夫が海から帰ってくるまで患者に実家へ戻っているように勧告しました。しかし患者さんは意地でも今の家に留まります。そのうち、舅は家に寄りつかなくなりました。

こうした状況のなかで、患者の頭痛が再発します。21歳時に長女を出産した直後から、小学校時代同様の頭痛とそれに伴う吐き気でした。

舅は、その後も女性の家で暮らし続けます。その間、患者の夫は遠洋での仕事をやめ、地上の業務に就きました。ところが、女性との同棲7年目に、舅は持病の糖尿病が悪化してインポテンツになったことなども影響して、結局女性と別れます。そうなると、住むところがないわけで、当初、舅は諸事情から一時、次女（患者の夫、その二番目の姉）の家に身を寄せ、その後、望み通り、長女の家の世話になることになりました。

今回の症状悪化には、このような患者さんの核家族と（患者さんの夫の）親族との関係が複雑に絡んでいることが背景として容易に想像できました。長女の夫も、以前は遠洋漁業に携わっていましたが、患者の夫のように陸へあがり、またその家の息子（長男）が最近嫁を迎えたので、長女夫婦は舅のことで息子の嫁に気を遣い、そのための不満が患者さんに向けられるという新たな火種も生じました。

◉法事をどこで行なうか

今回の受診、その事の起こりは、一週間前、義理の叔母（夫の父親、その妹）が、法事をやって欲しいと患者さんの家を訪ねてきたことに始まります。「寺でやるようおじいさん（夫の父親）に相談してみようか」と患者さんが切り出すと、叔母は「この家は、おじいさん名義ではないか」と家で法事を行なうように戒めました。そこで、患者さんは、あらためて長女（夫の姉）の夫に、法事の開催地について相談に行ったのです。するとさらに追いうちをかけるように、長女の夫に「うちでおじいさんの面倒をみてやっているのに、おまえ（患者さん）は礼ひとつ言わぬ」と怒鳴られ、これが、ショックになったということでした。

◉精神病を抱える義弟たちへの偏見と恐怖

さらに、話を聴くうちに、患者さんが夫の実家を嫌う理由は、実はもう一つあることが分かりました。それは、夫の弟ふたりが統合失調症で近くの精神病院に入院していることでした。時々見舞いに行く夫が、あるとき帰ってきて「自分と似ているから、見るとだめになる」と漏らしたことがあったので、それ以来、患者さんは夫の弟たちに恐怖感を抱いていたのです。そして、子どもたちには、夫の弟のことは絶対に知られないよう心がけました。

しかも、この恐怖感は核家族まで広がっています。小学5年生からチックが見られた患者の長男が、夫によれば、夫の弟たちに似ていること、また最近チックが激しくなってきたことから、自分の長男も統合失調症になるのではないかという強い心配が患者さんのなかで高まってきたのです。

患者さんだけの問題ではないと判断したので、家族を呼んで合同家族面接を導入することにしました。その第3回目に、患者さんが秘密の重みにあえいでいる負担を軽減するため、「長女ももう大人なのだから秘密を打ち明け、負担を分担してもらったら」と、夫婦に提案します。患者さんは、とんでもないという表情で、その提案に従いかねる事情を説明し始めました。

それによると、現在、長女は時々イライラする程度で、どちらかというと安定しているが、4年前すなわち中学2年の頃には、電灯を点けたままでないと寝つけなかったり、鏡を怖がったりしたそうです。さらに過換気症候群で倒れた時期もあったとのこと。そこで、長女も長男同様に過敏であり、とても夫の弟の話など切り出せるわけがない、と患者さんは主張したのです。

こちらとしても長女を巻き込む計画を撤回せざるを得ません。それでも、患者さんは長女のことを説明するなかで、一つだけ今後の治療方針のヒントとなる情報を与えてくれました。このことをしゃべるときは、安心しきったような笑顔でした。それは、長女が「自分や弟が過敏なのは母親（患者）の自律神経失調が遺伝した」と患者さんに語ったということでした。

長女は親族の統合失調症のことは知らないということです。そこで、この回、患者さんに「子どもたちは〈過敏さ〉が、お母さんのほうから来ていると思っているようですね。お母さんが部屋へ閉じこもる行動は、子どもたちにそう思い込ませることに大いに役立っているので、今度来るまで、お母さんは可能な限り部屋にこもり、できるだけ大袈裟に症状を訴えなさい」と処方しました。

◉家系を捏造《ねつぞう》して症状を消す

第4回では、前回の処方が逆説として効いたのか、演技は行なわれなかったものの、頭痛が軽減し、実際に部屋に引きこもる回数が減ったと、患者さん自身も家族も認めました。患者さんは「くよくよすることもなく、食欲も出てきた」と述べます。この結果を見て治療チームは一時面接を中断し、家族を待たせておいて、今後の方針を討議しました。その結果、まず夫婦だけにして本物の家系図を作り、子どもたちに知られたくない部分を明確にしておき、次に子どもたちも呼んで、秘密の部分を削除したニセの家系図を作るという方針を決めたのです。

夫婦を前に、第一の家系図作りが始まります。特に母親が秘密にしたい部分は、①父親の同胞は、本当は5人（子どもたちには、父親の同胞は6歳年上と2歳年上の姉だけと言ってある。3歳と4歳年下で、それぞれ中学生の時期に統合失調症と診断され、今は別々の精神病院に居る弟たちのことは伏せてある）、②父親の父親が水商売の女性と同棲していたこと、③（ある程度子どもたちは知っていると思われるが）父親の姉たちを母親が「異常なほど」嫌っていること、の3点でした。

患者さん自身の家系に関しては、特に子どもたちに知られて困ることはないとのことでした。本物の家系図を作る段階で、患者は夫の実家に対する不満や嫌悪感を一気に爆発させます。特に結婚後5年間は、度々ある、夫の実家からの命令に抑えつけられ、踊らされ、唯一頼りの夫も船に乗っていて頼りにならなかったこともあり、「ノイローゼのような状態」になったことを、目を釣り上げて述懐するのでした。

いよいよニセの家系図に突入。父親の弟たちを抹消した家系図の利用を準備したあと、子どもたちも面接室に入れます。「骨組みを作ったから、今度は君たちに質問を投げかけたり、感想を訊ねたりするからね」と子どもたちに前置きして、母親が聞き耳を立てていることを意識しながら、次のような質問をしてみます。

治療者　お父さんのきょうだいは何人？

姉　3人。

第二の家系図が完成したあと子どもたちに感想を求めると、姉は「特にない」と答え、弟は「父の家系は付き合いがないから分かりにくく、母方のほうは日頃よく会っているから豊富」と述べます。両親にも同じ質問をしてみると、父親は「(子どもたちは) 意外によくみている」と答え、患者さんは照れ笑いを浮かべながら「父親のほうの従兄弟と付き合いがないと、子どもたちは不幸かなあ」と語るのでした。

◉ニセ家系図のままでよいのか

年末の第5回面接で、暮らしぶりを家族に訊ねると、夫と患者さんとの会話が増し、長男と患者さんとの接触も多くなったとのことでした。また、患者さんの閉じこもりと長男のチックは、ともに前回よりもさらに減ったとのこと。家族全員に、そうした変化の理由を問うと、皆で話し合った後、患者さんが「ここへ来たことが大きいと思う。皆で協力して高速道路を走ってやってくることで和ができた。部屋替えも良かった。家族間の遠慮もなくなり、各人が落ち着いてきた」とまとめます。当然のことながら、ニセ家系図が効を奏したという話は出ません。

その後、夫婦だけの面接を2、3カ月に一度、不定期に行なっていましたが、7回目で、治療は一応終結としました。この時点で、長女は家を離れて都会の大学へ入学し、患者さんの引きこもりと長男のチックは、さらに目立たなくなっていました。この間、患者さんの精神病に対する偏見と恐怖を取り除こうと、夫の弟たちに面会させました。夫に同行して、「思い切って」弟たちを精神病院に訪ねた患者さんは、「想像していたように不気味でない」弟たちを見て、急に肩の荷が降りたようです。このとき、夫のほうはといえば、それまで以上に「弟たちをこのままにしておいていいのだろうか」という罪悪感にとらわれるようになりました。

患者さんの理不尽な精神病恐怖は、夫の実家に対する嫌悪に他ならないと解釈し、両親から子どもたちに、幻の叔父たちの存在を明かすよう勧めましたが、結局、当の患者さんが尻込みしました。

そして治療を終結した今、いつかこの夫婦が来院して、「子どもたちの前で、家系図を再び作りかえる面接をぜひお願いします」と頼んでくるような感じがしてなりません。しかし一方で、治療者として、他人の「家」に対してそこまですべきであろうかという気もしているのです。

4　症例研究――神経性やせ症の女子医学生

◉神経性やせ症の象徴としての意味を家系に探る

22歳女子医学生。5年来の神経性やせ症。両親と弟の4人家族。25kg（154cm）の極限体重のため、幾度も死に瀕していました。ボクが主治医ではなく、当時の同僚が入院での行動制限など懸命に治療を試みたがうまく行かず、一度、家系図療法をと要請され、俄にチームを組み、一回限りの実践に踏み切りました。

ボクはといえば、米国留学前。昼夜構わず入り浸っていた臨床現場からしばらく遠ざかる心構えをしていた慌ただしい時期での邂逅ですが、おそらくボクが診たなかで、この患者さんは神経性やせ症では最も重症な部類に属し、家族は家族でいちばん治療に乗せにくいタイプであったと思います。今改めて記録を読み返してみると、こちらの解釈も理屈っぽく、すんなり腹に入るものではありませんでした。家系図使用の手応えは、正直言ってありません。しかし、神経性やせ症というものが家系のなかで何を象徴するかということについて、たいそう勉強させてもらった症例です。家系図が万能ではないという当然のことをお伝えするためにも、端折る形で、敢えて加えておきます。

家族全員に主治医からあらかじめ大まかな家系図（図9-4）が聴取してありました。そのとき主治医の印象に残った、この家系の特徴は、患者さんの母親の家系が（患者さんと同様な）秀才ぞろいであること、母親

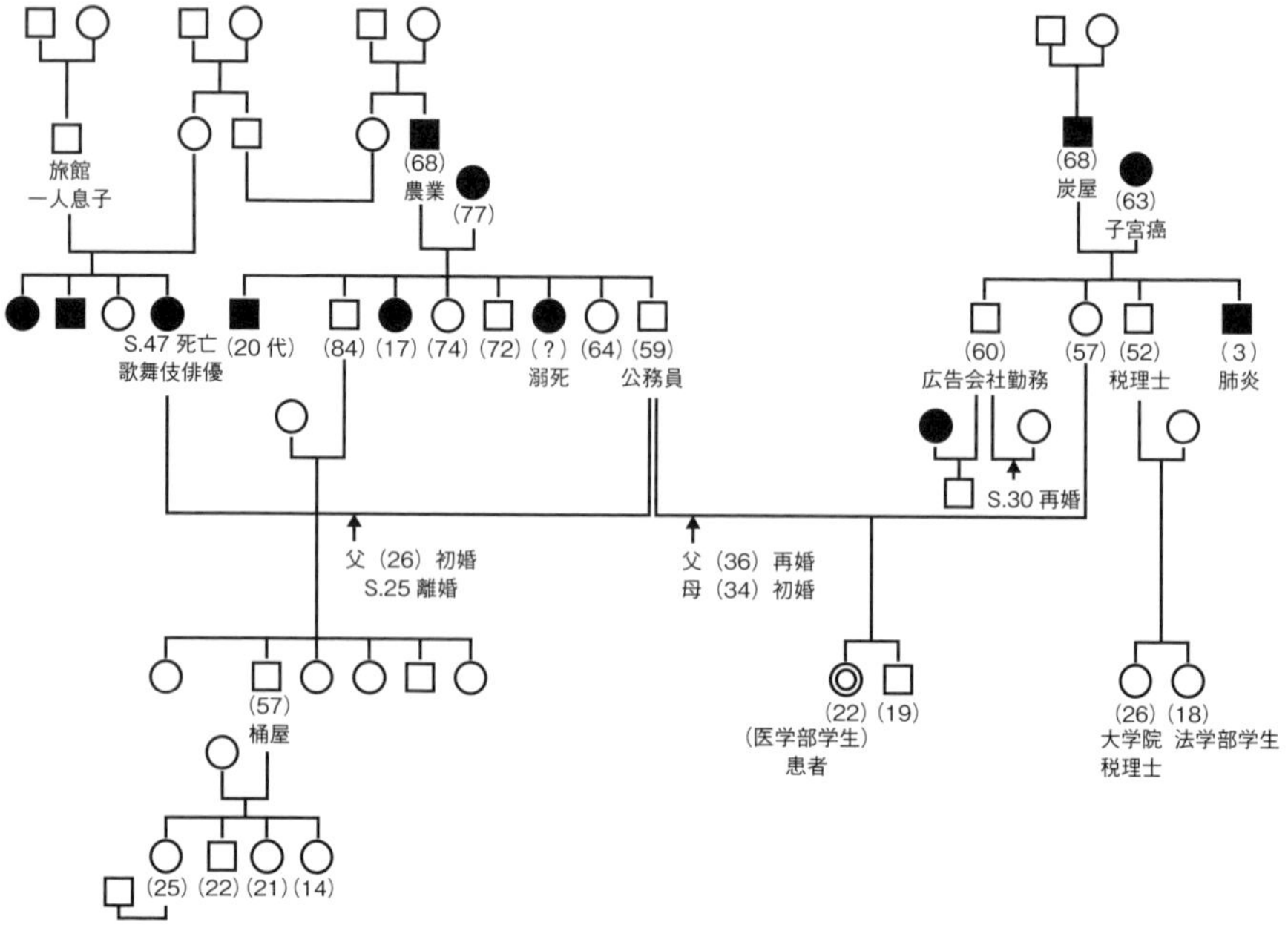

図9-4

は父親の前妻に陰性感情を抱いていること、また父親は末っ子で長男の長男とは2歳しか違いませんが、言葉や物腰から依存性の強い性格だということなどでした。

面接の最初に、患者さんの病状が横這いで治療が持久戦であることを家族に告げ、そういう状況のいま、両親が患者さんに何を望んでいるかを両親に書かせ、それを弟に読み上げてもらうよう指示しました。口頭だと、また書いた本人だと他の成員に忖度して言葉を濁したり表現を変えてしまったりすることが多いので、それを最小限、避けるためです。

◉夫婦それぞれの異性観

父親の言葉。「好きな道を力一杯進むこと」。母親の言葉。「早く健康になることと普通の素直な女性になること」が挙げられました。両親の意見が大きく食い違っていたので、その点を両親それぞれに訊ねると、父親は「華々しさを望んでいるのは、男性並みに活躍する道をこの子に与えてやらねば、病気から立ち直れないと思っているから」と語り、「でも、結局は自分も母親と同じように健康を第一に望んでいる」と弁解がましく付け加えました。患者の医学部進学に関しては、母親は、「本当は教師にでもなってくれればいいが、担任が勧めるなら」と受け身な立場を明かしたのに対し、父親は大賛成だったとのこと。また、母親は「昔から自分に甘えてこない子であったが、それを見逃していた」と日頃考えていたので、「素直」という言葉が出て来た、と補足しました。

ここでボクは、「現在、ご両親の目は健康すなわち病気を治すことに向いていますが、この病気のおかげでそれぞれのご意見の齟齬が曖昧になっています。だから、もし病気が治ってしまうと、今うまく回避されているように見えるご両親、その意見の対立はもっとはっきり出るのでしょう」と解釈しました。そして、弟に、両親の違いをもっと掘り下げるよう司会をしてほしいと面接の進行を委ねます。するとまず弟は、理想の女性観（すなわち異性観）を父親に問うたのです。

ところがこのとき、母親が、自分の番ではないのに横から口をはさみ、「結婚してからも、前の奥さんのことを主人は時々口に出しました。そのヒトは月に10万円位の収入があったのだと。歌舞伎俳優だったそうです。こっちはそこまで甲斐性はありません。だけど、もし主人に思いやりというものがあれば、結婚したばかりのわたしにそんなことは言えないはずです。前の奥さんに贅沢をかなりさせてもらっていたのではないのかな」と述べます。

この時点でこちらは、画用紙に書いた家系図を拡げます。先ほどの母親からの横槍に対し今度は父親が、脅えたような口ぶりですが、母親に向かって「僕だけに集中攻撃する。あんたとこの場で争うつもりはないよ」と母親に抗議します。母親は「そんな言い方をしなくてもいいのに」と一旦譲歩しますが、父親は、今度は喧嘩腰になり、「あんたは自分の家系には『ペンをもつ人』が多いから、すぐ俺の家系を卑下したような言い方をする。だから、わが家の問題なのに、何でもかんでも税理士の弟に相談するんだ。俺はそういうやり方は好きではない」と蒸し返します。母親は「弟だって最初から税理士だったわけではない。苦労して資格をとったから偉いんだ」と反論。

そこでボクは「実の弟さんのようなタイプがお母さんの理想の男性像ですね」と母親に伝え、当初の路線「夫婦それぞれが理想とする異性観」の話に戻すよう、共同治療者に仕立てた弟に再び舵を取らせます。

◉こころと身体

そのうち話は、期待通りの弟の誘導で、夫婦それぞれの理想の異性像について展開しますが、予想してもみなかった、こころと身体とを分けて述べさせる方向に進みます。父親の理想の女性像は、「精神は男らしくて華々しく、肉体は女らしいヒト」ということでした。そこで、まず父親にとって理想の女性を家系図のなかに探させます。

恐ろしい話ですね。弟の誘導もあり、父親を「捨てた」歌舞伎俳優の前妻に難なく辿り着きます。そこでこちらは、先ほど出た患者さんの進路の話に戻り、次のように解釈しました。「年々女子の比率は増えていますが、医師を目指すことは、わが国ではまだまだ男性に近い精神を要求されるということになっている現状です。そのうえでもし患者さんが女性らしい身体を備えていたなら、お父さんの理想通りになってしまう。そうすると前の奥さんと似た女性がここに誕生するわけだから、お母さんをいたく傷つける。そこで患者さんは父親にも母親にも気を遣い、両方立てようとして男性に近い精神を持ち女性らしくない身体を持つ状態を、いま表現しているのではないでしょうか」と。

すると弟が「姉ちゃんは賢いから、お父さんとお母さんの意見を半分ずつ取り入れようとしてこんなに苦労している」と姉を賞賛し、こちらを援護してくれます。

◉新婚時代に戻って喧嘩

ここで一旦、お開きにし、モニター室でスタッフは合議。「そういうことですから、患者さんとしては今の病気であり続けることが一番良いのです」と、次の場面で伝えることにしました。

この言葉に大いに反応した両親は、今度は仲良く共同して「それでは困ってしまいます」と訴えます。こちらは「患者さんがひとりで解決しようとする場合にはそれしかありません。ただし、もし弟さんも協力できるようなら、お帰りになってから、夫婦で新婚時代にしたような喧嘩を毎朝、演技で再現するように」と処方しました。弟には父親、母親が真剣にやっているかを判定する役目を与えます。

その場でリハーサルをしてもらうと、予想以上に壮絶たる夫婦喧嘩が始まりました。その直後にモニター室から、「病気が治ると夫婦仲は今よりさらに悪くなる、治らないほうがいいんじゃないか」と意見が飛びます。火に油です。このあたりから両親の口調は激しさを増し、夫婦喧嘩はついに演技の域を超えて本物になっていきました。

◉かすかな手応え

争いは性生活の問題にまで及び、母親は父親に絡み、父親は日頃見せなかった怒りをぶちまけるという状況を露呈するに至りました。

面接終了後、患者さんに今日の面接の感想を聞くと「結構うまくやっているように思っていたが、今の父母を見るとあまり仲が良くない」と述べます。こちらが、「あなたが病気になったから不仲が目立たなくなったのではないか」と、使い古された解釈を繰り返すと、患者さんは「そう言われてみればそうですね。子はかすがいということですか」と淡々と述べます。

手応えが大してなかったので、この治療が奏効したかどうかは判りません。4カ月後、患者さんは退院して医学部へ通い出したようです。体重は何とか危険域の上限を維持しているようです。同僚から漏れ聞いた話では、その後、毎日課題として「喧嘩」を行なっていくうちに、両親は互いにだんだん照れてしまうようになったということでした。もとより治療困難例ではありますが、ボクの唯一の関心は、究極のモノである「体重」。危険域のままでは先行き慢性化が予想され、こちらの気持ちも暗いのです。

5　症例研究——神経性やせ症の女子高校生

◉八面六臂《はちめんろっぴ》な家系図

最後は、超明るい、テキトーな治療で〆にしましょう。

あるテレビ局が「思春期相談」という番組を企画しました。視聴者から年頃の子どもについての悩みを公募し、採択された場合は、その母親が番組のなかで専門家と面接し、アドバイスを受けるというものです。

そして、ボクに依頼されたZ子のケースは、母親の手紙によれば次のようでした。

高校1年の長女が神経性やせ症になり、大変困っております。家庭は、父41歳、母41歳、妹13歳（中学1年）の4人家族です。高校1年の娘の性格は、きちょうめんでいい加減なことが一番嫌いと言い、何事もきちんとやらなければ気がすまず、融通がききません。高校入試の合格発表の日、緊張のためか下痢をして、その後入学してから胃腸の調子が悪く、下痢と便秘を繰り返していたのです。神経質な面を持っているので、そのうち慣れたらよくなると思ってましたが、その後食欲がなくなり、痩せてきました。近所の内科で検査をしましたが、別に異常はなかったので、主人とふたりで「食べなさい、食べなさい」とやかましく言いました。これが今考えると、いっそう食欲不振に追いやったと思います。現在、身長は151㎝、体重は33kg、以前は50kgありましたのに、見る影もありません。本人も気にして毎日体重計に乗っております。生理も去年の6月から止まっております。わたしが勤めを辞め、育児に専念したときには、妹がすでにいて、甘えさせてやることができず、スキンシップが足りなかった、そのつけが今きているのだと思います。もう過去は取り返しがつきません。今後どのようにして、この子のこころの空洞を埋めて、心身ともに健康にすることができるかお教え下さい。

投書した家へ放送局のほうで電話をしたところ、母親と長女のふたりが、相談に来たいということでした。そこで、筋書き通りボクも東京へ出向き、母娘も飛行機で上京して、共にスタジオで録画されながら、初めての面接をしたのです。

Z子は「自分ではそう痩せているとは思わなかったが、周りから言われるので、母親と同じく10月頃やせを自覚した」ということで、今一番の悩みはそのことよりも両親、特に父親が心配することだと述べました。母親によれば、過去に十二指腸潰瘍を病んだ父親は「食欲がなかったが、それでも一生懸命食べようとした」自分の体験を幾度も幾度も長女に、深刻な面持ちで話すので、長女は父親が思い悩んで潰瘍が再発するのではないかと悩んでいるということでした。母親から父親にやめさせようとしても、父親は見るに見かねてZ子に注意してしまうそうです。そこで、母親は、今は父親と長女とを別々に食事させるようにしているとのこと。

また、Z子がやせをカムフラージュしようと努力し、母親がそれを打ち破るパターンも凄絶でした。風呂へ入るたびに自分で体重を計って母親にウソの報告をしたり、朝早く起きてきて、自分の分を少なくするために弁当づくりを手伝ったりすることに気付いた母親が、体重計の置き場所を移したり、Z子に台所に入らせないようにしたりした、というものです。

さらに、両親は「食を勧め過ぎるから余計食べない」と知人に言われ、注意を促すのを止めてみたこともあったそうです。ところが、体重はさらに減少し、結局、両親は一週間で止めたとのことであった。このようにZ子の症状と家族のそれに対する反応は、途轍もない悪循環を形成していました。

全国放送、午前の30分という番組ですが、面接には2時間ほど取ってあり、余裕があります。すべて録画してごく一部を編集のうえ使用します。冒頭はナレーションで投稿された母親の文章が読み上げられ、ケース紹介を兼ねます。後半はボクのコメントに15分弱を費やされますが、①神経性やせ症全般についての説明、②このケースの問題点、③このケースへの対応を、打ち合わせの段階で、ボクもディレクターも考えていました。①は診断基準と危険体重かどうかを含めた数式ですが、電話での打ち合わせ後、すでに送付済みです。③については、今の体重を勘案すればよほど特殊な事情の無い限り専門医の居る施設への「入院」に決まっています。

即興で対応する②が厄介です。②で使うパネルは短時間で作られますが、面接で出た素材からボクがモンタージュして、待機時間中に裏方に渡すので、予め図表にまとめられそうな内容の面接をしなければなりません。臨機応変が要求されるところは、日頃の診療と同じです。

このような非日常で極端な場。皆さんならどんな面接をされますか、取り敢えず家族のことを訊かれるのでしょうね。ボクもそうします。そして、「入院」を勧めてもその先の治療方針は杳として分からないわけです。そういう状況で「(テレビ番組向きな) 図表にまとめられそう」といえば、さあ何でしょう。もちろん、家系図ですよね。しかも番組だけでなく今後の治療に繋がると言う前提で、お母さんの承諾に沿った範囲で省略・誇張を加えるのです。近い将来、事態を打開してくれる可能性があるかもしれません。

◉公共電波に乗って「家系」を分断

当時、程度の重い神経性やせ症の治療への第一選択は、食卓を使用しての家族合同面接だと考えていました。ところが、患者の家族は非常に遠方です。いくら強力な武器でも、家族が揃わないことには使えません。ところが、同時期、それも半月後に全国へ放映され、Z子の家族だけでなく親戚中が注目して見ている番組は、拡大家族に強いインパクトを与えるに違いないので、それを利用しようと考えました。というのも、手紙だけからは伺い知れませんでしたが、面接中に、拡大家族に大きな問題があると判断したのです。

②で「家系図」を登場させる導入部分として、ケースの特徴を整理し、発言します。まず、母娘との面談から得られた問題点を、以下の3点に概略しました。㋐Z子はやせで悩んではおらず、専門家との相談に来たという動機は「父母が（Z子のことで）困っているから」であるが、Z子はやせという人間の極限状態を通して何かを訴えている、㋑家族を困らせているように見える半面、たとえば父親はZ子のことで大騒ぎするようになってから、よく眠れるようになったなど、症状は家族に何らかの役に立っている可能性がある、㋒母親が子育てのことで罪悪感を抱いて、それを解決しようと意気込むが空回りしている。母親が自分を責めることはZ子の治療にとって全く意味がない。

つぎに「みんな一所懸命で、ご家族もご本人も、誰も悪くはありません」「それでは誰が犯人なのか」と大袈裟に問題提起します。さらに、スタジオでの母娘面接時に聴取した素材に基づいて俄に作られた、Z子の「家」、その3～4世代を遡《さかのぼ》った家系図*（図9-5）を提示して説明します。

「今の家族のなかに犯人はいません。古い家系のなかにすでに問題があるのです。患者の父方の曾祖母は、几帳面で他人に迷惑をかけないヒトで、Z子に似ている、と母親が言っています。Z子自身もこの曾祖母に憧れを抱いていました。Z子の父方の祖父は、几帳面で〈胃が悪い〉など心身症をうかがわせる症状がありました。この祖父は、〈早死に〉をし、その妻（Z子の父方の祖母）は、〈身を削っても、子どもたちに食べさ

＊ 図9-5は実際に番組で使用し放映されたものです。現物はカラーです。

せようとした〉（母親の表現）そうです。その夫婦の子どもでの唯一の男、しかも、末っ子が、Z子の父親にあたります。父親が十二指腸潰瘍になったとき、父親の姉たちは〈異常なほど、こころが穏やかではなかった〉（これもZ子の母親の言葉）そうです。父親はきょうだいでただひとりの男ということから、〈家〉思いの姉たちは甘えさせている半面、かなり期待をかけており、父親は〈家〉のストレスを強く受けたと考えられます。一方、Z子の母親のほうは、4世代前から村会議員をしており、政治家の家系でしょう。Z子の母親の父親はその父親を早くから失い、非常にわがままに育ったそうです。このヒトは酒乱の傾向がありました。その妻は、この酒乱の父親の影響を受けさせないために子どもを可愛がるのです。Z子がお腹にいるとき、この祖母は死亡し、Z子の母親は結局恩返しできませんでした。Z子はいま、父方の祖母のように〈身を削って〉父親の病気を再発させないように頑張っている、と家系図は教えてくれています。そして、「父母の二つの〈家〉の両方に非常に気を遣うZ子は、母親の政治家・酒乱といった大胆な系と、父親の心身症といった繊細な系がうまく混ざりあわず、Z子のなかでまさにその闘いが始まっている」と結論しました。

面接後、Z子を取り敢えず病棟へ入院させることにしました。自分の患者さんにしたのです。生命の危険もありましたし、ボクとしてもこうしてかかわり、家系図まで放映する以上責任を感じたからです（入院後、実際に計ると、体重は28・5kgで、美容とかダイエットというレベルではありませんでした）。

◉いざ放映

半月後、放映の日、病棟でボクはすでに入院中のZ子と一緒にテレビを見ます。Z子は「複雑な思い」と感想を述べました。一方、母親には、親戚には番組に出演したことを報せ、親戚から何か言ってきたら伝えるよう告げておきましたが、果たして約一週間後、長い手紙がきました。

それによると、父親の姉たちからつぎのような抗議があったそうです。①（母親の）実家のほうだけで、

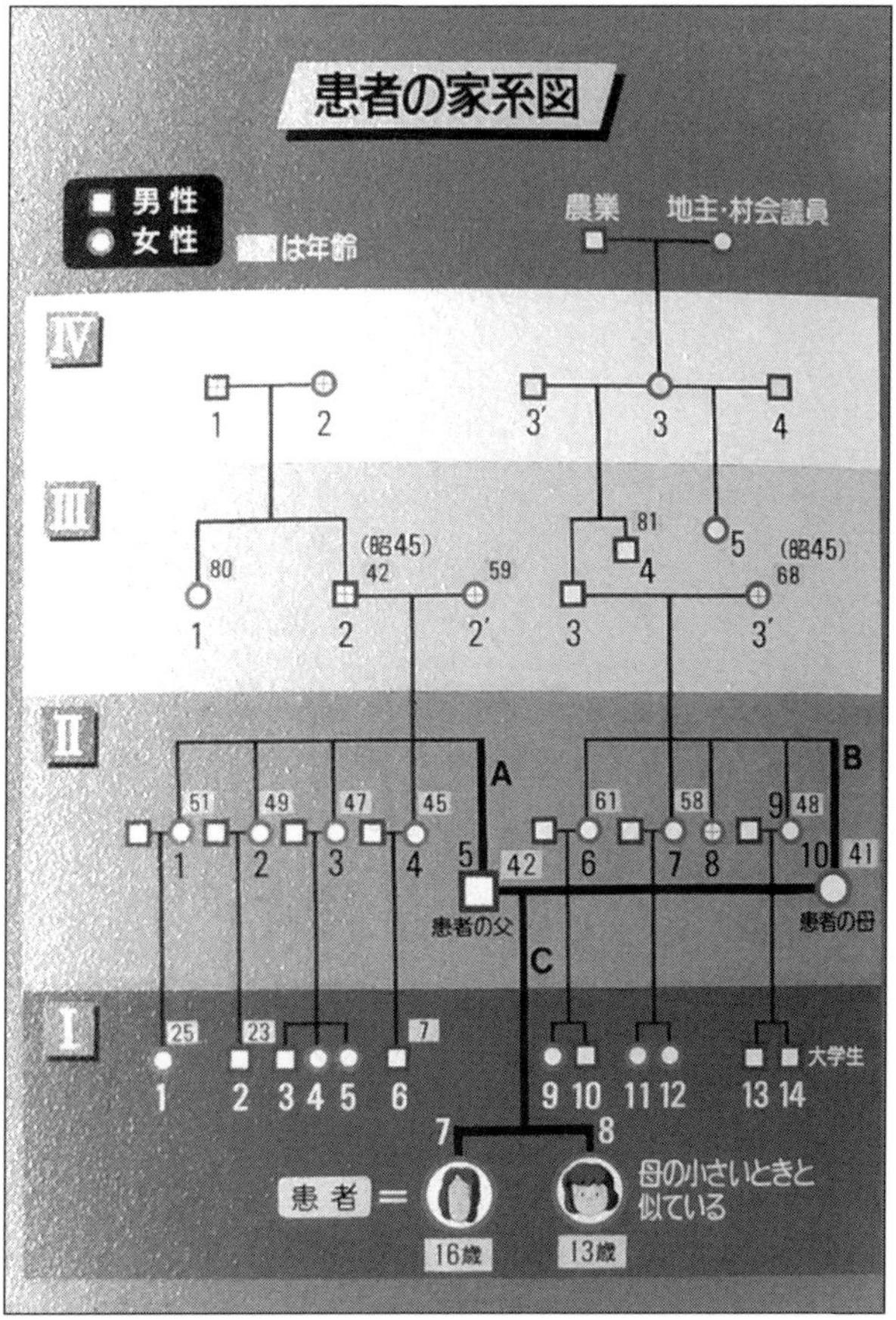
患者の家系図
男性
女性
■は年齢
農業
地主・村会議員
IV
1
2
3′
3
4
III
80
1
(昭45)
42
2
59
2′
81
4
5
3
(昭45)
68
3′
II
A
B
51
1
49
2
47
3
45
4
5
42
患者の父
61
6
58
7
8
9
48
10
41
患者の母
C
I
25
1
23
2
3
4
5
7
6
9
10
11
12
13
14
大学生
7
8
患者 =
16歳
13歳
母の小さいときと
似ている

図9-5

Z子の父方曾祖父・祖父ともに村会議員をし、村の有力者であったことを言わなかったので、父方家系のほうが小さく見える、②Z子の父方の祖父が「心身症」だというが、胃を切ったことはあるが、尿毒症で亡くなっている、③Z子の父方の祖母が「身を削るようにして子どもを育てた」というが、自分たちはそんな貧しい生活はしていない、④Z子の父親が十二指腸潰瘍のとき、自分たちが「異常にこころ穏やかではなかった」という表現は、自分たちが親代わりで一生懸命世話を焼いたのに、Z子の母親がそれを迷惑と思っていたことを物語っている、の4点でした。

母親の手紙はさらに続きます。「わたしは義理の姉たち、特に長姉が、主人のことになると一心になってやってくれることは大変感謝していますが、主人のことだけで、周りのことなどお構いなし。辛いことも随分あったが、言われるままにやってきました。このことに、なぜ今まで疑問を感じなかったか不思議です。主人の姉たちは、みな気性が激しく、何かにつけて結束が非常に強く、わたしの姉、兄たちとは随分性格が異なります」。そして、最後には「結婚して17年。嫁ぎ先の人間として先祖を守り、家庭を築いてきたつもりでしたが、一つ歯車が狂うと人間のこころは弱いものですね。信頼関係の脆《もろ》さをいやというほど思い知らされました。血の繋がりがあればすぐに和解もできるでしょうが、お互い悪いほう、悪いほうに取ってしまいます」と結ばれていました。

◉無事に退院

入院中のZ子には、母親からの手紙、その一部始終を報告していましたが、父親の姉たちが母親に抗議し、母親が今まで親戚の言いなりになって我慢していた自分に気づいたくだりを読みきかせた頃から、体重が回復（37kg以上）したので、退院としました。

退院時、初めて父親が来院し、親子3人で面接します。両親は、「明るくなり、顔がふっくらしてきた」帰宅時のZ子を見て、まず安心したようでした。父親の長姉の話が出ると、父親はZ子の前で話すことの是非を問います。すると、Z子は「知ってる」と口走り、ボクは「娘の前で言わなければ意味がない問題です」と付け加えます。最初はZ子の父親の実家側（特に長姉）と母親がうまくいってないので、肉親なら関係も修復できようと、父親が直接話をしてみたそうです。それによって、ほかのことはともかく、胃の病気がストレスから来ることもあるということを、長姉が納得したとのことでした。それまでは、父親が心配するといけないからと、長姉から父親への「注文」は、すべて母親にあてられていたわけで、「家」を代弁する長姉の凄い「過保護」ですよね。現在でも、地方都市を中心に「家」はまだまだ意識のなかで健在なのです。

長姉には、自分たちが育った頃、一族のなかで村長や教師をするものがいて栄えていたという「誇り」から、「家」を盛り上げようとする機運が強く、父親の転勤（郷里を離れる）に関しても、「出世しなくていいから、地元に居ろ」と強く主張したそうです。実はこのときが父親の十二指腸潰瘍の極期だったわけで、しかも、この「注文」は父親にではなく、「弟（父親）にはぜったい言うな」という形で母親になされたのでした。父親が言うには、長姉は自分を子どものように思っているらしく、また母親は、長姉に頼ると長姉は満足すると、半ば割り切っていたようでした。

◉父親は長姉に敬語

父親が長姉のことを語るとき、敬語を使ったのには強烈な印象を受けました。だから、今回の「テレビの家系図」事件で、特に父親の家系より少しだけ古く、しかも今も繁栄している家系の出身の母親が、いくら「先生に聴かれたことだけ申し上げたので」と言い訳しようと、長姉は簡単に折れはしなかったのです。

しかし、両親は、長姉がこれほど立腹するとは思ってもいず、そのことをZ子だけがある程度予測していたことに驚いていました。おそらくは、Z子がもっとも「家」を知り、「家」に呪縛されていたのでしょう。

父親はさらに、「今回のようなことは、いずれあると思っていました。いままでがうまく行きすぎていたのです。……いろいろなことに気付きました。たとえば、帰省すると長姉たちが大御馳走してくれ、自分としては家族が待っているので一刻も早く帰りたいが義理で食べねば、と考え長居していました。ところが、先方は〈ごちそうしてやっているのだ〉と考えていたことが今回のことで分かったのです。田舎では核家族はありえないから、親戚は大切にするとしても、今回のことを糧に、もう少し距離を持って接しようと思います」と述べます。

この話は、ボクのなかで、父親からZ子への食のお仕着せと重なりました。話が一段落すると、急に緊張が解けたように、母親が「怖いですね、家系の歪みが（やせ症として）出るなんて」と感想を漏らしました。そこでボクが「そうしたものの考え方をするだけです。真実かどうか分かりませんよ」と答えると、父親は「こんな家系図ならざらにあるじゃないですか。すべての人に出よったらかなわん」と同調します。ボクはそのとき、まさにその通りだと拍手したい気持ちを覚えました。

◉もう外来を受診しない家族への課題

さて、処方を考えるため、治療者チームはマジックミラーの向こうに消えます。約10分間後、両親とZ子に次のような、半年にわたる宿題を書いた課題を読みあげました。①親戚の行事や用は父親ひとりが行く、②そのことについて、母親が親戚から電話で文句を言われたら、父親に話すように言って切る。その際、切りにくいだろうから「（医師に）切れと言われてますから」と言ってチンと切ればよい、③以上のことは、帰宅したらすぐ、父親からZ子の伯母たちに伝えること、④この宿題が両親によって守られているかどうかの監視役はZ子が務め、もし両親が破れば、その度にZ子は2回断食をする。⑤Z子の体重は、母親が週一回日曜の朝計り、2週連続して35kgを切った場合は、再び入院する、⑥Z子の食行動については、両親は一切干渉しない。

処方を聴くや、父親は「私は守ります。Z子は守れるな……」とZ子を見つめ、Z子は大きく首肯しました。そのあと父親は、母親にも確認をとります。

ボクは最後に、「あなたたち核家族のなかには〈家からの成熟拒否〉という現象が起きています。この処方は、核家族が〈家〉からの分離・独立を目的に家族の皆が平等に苦を分担するように作ってあります。どうしてもお母さんが〈家〉の行事に従わなければ、と思い悩んだときは、娘が2回分食べないことで母親を楽にさせてあげなさい」と、処方の具体例を示して面接を終了。

以後、一年以上が経過した段階で家族に問い合わせていますが、再発はありません。変化といえは、これまでとは違って患者が母親と「家」、特に父親の家系についてよく話すようになったとのことでした。

今回は、日本の伝統である「家」を尊重するボクが、治療のためにやむを得ず、「拡大家族」を分断してしまった一幕でした。

終章

ボクの家族臨床、モノ頼み治療については、大概を語り尽くしたので、ここでは、本書の題名、その背景についてにだけ触れておきます。

すでに記したように「親があっても子が育つ」という文言の出典は、入水自殺を遂げた友人太宰治への坂口安吾による追悼文『不良少年とキリスト』（1948年）です。

日本語にあるもともとの形は「親は無くとも子は育つ」（『広辞苑』）もしくは「親は無くても子は育つ」（『現代国語例解辞典』）であり、親が早く死んでも、あるいは実の親が居なくても、世の中はそう冷たいものではないから、子どもの行く末をそれほど心配しなくてよい、という意味です。

用例には、1789年（寛政元年）に初演された並木五瓶作歌舞伎の脚本「韓人漢文《かんじんかんもん》手《て》管始《くだのはじまり》」での「親はなけれど子は育つと、はて、よくも成人いたしたなあ」（『成語林』）が挙げられており、さらに、同じ台詞は、詳細は不明ですが、1749年（寛延2年）の人形浄瑠璃「双《ふたつ》蝶々《ちょうちょう》曲輪《くるわ》日記《にっき》」にも遡れるようです。

さて、安吾は、古くからの慣用句「親は無くとも子は育つ」から、唐突に「親があっても子が育つ」を考えたのでしょうか。『不良少年とキリスト』執筆に当たって安吾は、太宰の本を「あらかた読みかへし」たと冒頭に記載しています。後に少し触れる「M・C」が『斜陽』に出てくる用語だと分かった段階で、ボクは「親があっても子が育つ」も太宰からの、本歌取りではないかと疑い、『不良少年とキリスト』に挙げてある太宰作品に、「青空文庫」で当たってみたところ、短編小説『父』（1947年）の中に以下に引用する文脈を発見できました。

私のこれまでの文筆に依って得た収入の全部は、私ひとりの遊びのために浪費して来たと言っても、敢えて過言ではないのである。しかも、その遊びというのは、自分にとって、地獄の痛苦のヤケ酒と、いやなおそろしい鬼女とのつかみ合いの形に似たる浮気であって……私の身内の者たちは、皆痩せて、一様に少しずつ寿命をちぢめたようだ。……つまらんものを書いて、佳作だの何だのと、軽薄におだてられたいばかりに、身内の者の寿命をちぢめるとは、憎みても余りある極悪人ではないか。……親が無くても子は育つ、という。私の場合、親が有るから子は育たぬのだ。親が、子供の貯金をさえ使い果している始末なのだ。

太宰の「親がなくても子は育つ」は、辞書とは前半の助詞が変わっていますが、意味は踏襲。「親」「子」とも特定の人物ではありません。ところが、跡に続く「親が有るから子は育たぬ」では、親の言動と子どもの育成との因果関係を展開。しかも、作品『父』を私小説とみなせば、ここでの「親」は太宰自身、「子」は太宰治の正妻および愛人たちの子どもです。

話を戻しましょう。『不良少年とキリスト』は、書きなぐったような乱暴な言い回しに満ち、自殺された衝撃や苦悩に由来するのでしょうが、紆余曲折・反復重複だけでなく、太宰に対する是認・愛惜と憤悶・攻撃との自家撞着が見られ、この作家の常よりも難解で悪文です。敢えて強引に、長文の内容をば、行間まで読み言葉を補って整理・単純化すると次のようになります。

太宰治という人間には二面がある。

ひとつは、通常、礼儀正しい、整然たる通俗・常識人の真っ当な典型。これは、文学という舞台の上で強靭に

「M・C（マイ・コメディアン、太宰自身の言葉）」を演じられる有能な資質である。通俗・常識そのものがなければ優れた文学は書けない。

いまひとつは、「フツカヨヒ」もしくは年甲斐も無い不良少年。「肺病」がらみの虚弱体質と日常での「魔物」である飲酒および非凡に憧れる見栄坊であることに由来する。親族に痛めつけられた口惜しさから仕返しをしたい反面、親族への震い付きたいくらいの愛情を抱いたり、キリストの権威を引き合いに出さないと自己主張できないのが不良少年の特徴である。

上記二面のうち、前者による太宰治の作品は傑作であり、「斜陽」「魚服記」「男女同権」「親友交歓」。後者による太宰治の作品は駄作であり、「桜桃」「父」、が挙げられるが、このような自虐は文学のテーマにすべきではない。

太宰には前者の自覚はなく、文字通り「晩年」の太宰は、身近なファンに煽られ、喝采を浴びたいがために「フツカヨヒ」（ファンのためだけのM・C）を露《あらわ》にし、その延長で、泥酔し、ファンのひとり、すたこらサッちゃんとの相互作用で、今度ばかりは「狂言」を演じることが出来ず、翌朝、目が醒めない「フツカヨヒ」、つまりほんものの心中を遂行してしまった。日頃は大酒豪なのにそのときは白面《しらふ》だった、すたこらサッちゃんとは対照に、太宰の遺書は体をなしていない。そのなかで、自分の子どもたちにも触れているが、ただ「我が子を憐れんでくれ」と書けばよいものを「子どもが凡人でも勘弁してほしい」と持ち前の非凡願望を表現。ここには、泥酔の騒々しさばかりで、M・Cはまったく介在しない。

太宰の自殺は、不良少年のなかでも特別、弱虫・泣き虫のそれである。おんなに惚れたら、死なないで生きろ。生きていると確かに疲れるが、そして、太宰は勝つことを望んだのだろうが、勝つことなぞありえない。負けたから、死ぬ。勝ちはしないが、負けなければ良い。戦っていれば決して負けない。

人間は生きることが全部である。時間は、生まれてから死ぬまでで無限ではない。死ねば無になる。生きるべきである。子どもの夢を追うような太宰には、たったそれだけのことが分かっていない。

このあと『不良少年とキリスト』では、子ども一般にも話が及び、子どもというやつはひどい。突然登場するので、バカな奴（親のこと）は、慌てて人間づら親づらして、変な哀れみを抱き、陰《いん》に籠って、懸命に育てる。親が無ければ子どもはもっと立派に育つはずだ。親がプラスに働いても、（太宰が作品『父』の中で書いているように）マイナスに働いても、親があっても子が育つんだ、と結んでいます。

さて、ボクが本書の題名にもした「親があっても子が育つ」について、レトリックという観点から、復習し、総括してみましょう。世間での古くからの正しい慣用句は、先に紹介したように「親」「子」はそれぞれ不特定一般な「親はあっても子は育つ」で、短縮すれば「は・は」です。太宰の『父』では、「親」「子」が特定できない准従来形（「が・は」）から出発し、太宰あっての子どもというニュアンスを与える「が・は」をば残したまま「親が有るから子は育たぬ」と改変しています。それへの反応である、安吾の『不良少年とキリスト』は「親があっても子が育つ」で、「親」「子」はそれぞれ独立。短縮すれば「が・が」となります。なお、「は」と「が」との微妙な相違については、多くの学者が論じていますが、日本語の最も難解且つ魅力あるテーマです。

今回、高校時代に読んだ記憶がある、安吾の『不良少年とキリスト』を再読したところ、一見粗雑で乱暴な文章も、全体としては理路整然とした主張に貫かれていて、深い人間味と大きな包容力が犇犇《ひしひし》と伝わって来ました。知性と卓見についても溢れんばかりです。嘗て、三島由紀夫が「何もかも洞察してゐた。底の底まで見透かしてゐたから、明るくて、決してメソメソせず、生活は生活で、立派に狂的だつた。……太宰が甘口の酒とすれば、坂口はジンだ。ウォッカだ。純粋なアルコホル分はこちらのほうにあるのである」と評した（『三島由紀夫全集』1976）坂口安吾らしさが、『不良少年とキリスト』には滲み出ているのです。

あらためて、安吾の業績に絶大な評価を見出したボクは、三者のうち、両者対等・個性主張だが前と後とがしかと繋がっている安吾の「が・が」こそ、「フツカヨヒ」や「不良少年」に陥っている家族全体を揺さぶり、もっと真剣に「M・C」を演じさせる臨床実践という視点から捉えると、他の追随を許さない、この上なく質の高い心理療法を象徴する言葉であることに気付き、僭越ながら、自著の題名への引用・本歌取りに踏み切ったのです。

なお、補足すると、『不良少年とキリスト』の段階で、自分には子どもがいない旨を告白している安吾は、5年後、引っ越し先の桐生で、三千代夫人とのあいだでの長男に恵まれています。不運にも御大病死のため。一歳半までしか父親と接することができなかった、その遺児は一流の写真家坂口綱男です。因みに、多くのヒトがご存知のように、太宰の娘二人、津島佑子と太田治子はいずれも歴とした作家です。坂口家でも太宰家でも親があってこそ、遺伝子が開花したのでしょう。

最後に、情熱と誠意とで編集を担当された福村出版の松山由理子女史に深謝します。遣り取りを進めるうち、愛陶家でもあられることが分かり、一章送付するごとにメールに愛蔵の骨董、その写真を貼り付けました。表表紙に岸岳《きしだけ》系《けい》朝《ちょう》鮮唐津《がらつ》の小皿、裏表紙に室町古備前の角盃を配したのは、この種の書物では極めて異例のことですが、女史からのお申し出です。

長いあいだ、翻訳や編著ばかりで書き下ろしから遠のいていたのですが、定年退官後4年間、遊び呆けていたせいで、急に湧き上がってきた執筆意欲。それが持続するうちに、女史との次の本『目でみる森田療法』（仮題）を目下、準備中です。カナダのブリティッシュ・コロンビア大学や高良《こうら》興生院《こうせいいん》・森田療法関連資料保存会での長時間の講演と質疑応答を核に、森田療法の骨組みでもある、昨今流行りの認知行動療法との共通部分以外の、「家庭療法」と呼ばれていた日本固有の非言語部分を、症例検討の紹介を通して森田療法の真髄として汎化させるという内容ですので、読者の方々には、是非ともご期待願う次第です。

引用・参考文献

・Charcot, J. M. (1889) [1878]. *Clinical Lectures on Diseases of the Nervous System.* [Leçons sur les maladies du système nerveux]. 3 (Thomas Savill, translator ed.). London: The New Sydenham Society. Retrieved 21 October 2010.

・Christie-Steely, J. (1981) Teaching the family concept in family medicine. *Journal of Family Practice.* 13: 391-401.

・Estes, H. R., Haylett, C. H. & Johnson, A.M. (1956) Separation anxiety. *American Journal of Psychotherapy*. 10 (4): 682-95.

・藤田博史「境界性パーソナリティ障害および摂食障害に対する美容外科的治療について」『こころの科学』２０１６年、１８５号、84-86頁

・Guerin, P. J. (1976) Evaluation of family system and genogram. In P. J. Guerin (ed.) *Family therapy: theory and practice*. New York: Gardner Press.

・Gull, W. W. (1868) Anorexia Nervosa (apepsia hysterica, anorexia hysterica). *Lancet* delivered at Oxford, August.

・Gull, W. W. (1874) Anorexia Nervosa (apepsia hysterica, anorexia hysterica). *Transactions of the Clinical Society of the London 7* 25-6.

・石川元編『現代のエスプリ　表情の精神病理』１９９号、１９８４年

・Lasègue, C. (1873) De lánorexie hystérique. Archives Générals de Médicine.

・マクゴールドリック・M、ガーソン・R、シェレンバーガー・S『ジェノグラム（家系図）の臨床――家族関係の歴史に基づくアセスメントと介入』石川元・佐野祐華・劉イーリン訳、ミネルヴァ書房、２００９年

・Porot, M. (1952) Le dessin de la famille, Exploration par le dessin de la situation affecive de l'enfant dans sa famille. *Pédiatrie*, 3 : 359-81.

・『坂口安吾全集』推薦文『三島由紀夫全集33（評論9）』新潮社、1976年
・坂口安吾『不良少年とキリスト』新潮社、1949年
・Sauber, S. R., L'Abate, L. & Weeks, G. R. (1985) *Family Therapy : Basic Concepts and Terms*, An Aspen Publication.
・竹内利美『家族慣行と家制度』恒星社厚生閣、1969年
・山極寿一『父という余分なもの――サルに探る文明の起源』新潮社、2015年

著者紹介

石川　元（いしかわ　げん）

1948年　名古屋市生まれ
1976年　東京慈恵会医科大学卒。精神科医
浜松医科大学医学部附属病院精神科医長在任中、描画療法と家族療法の普及に貢献しそれぞれの学会を設立。その後、米国国立精神保健研究所招聘研究員、香川大学医学部附属病院子どもと家族・こころの診療部教授を歴任
現　在　香川大学医学部名誉教授。大西精神衛生研究所附属大西病院で子ども外来を主宰
編著書　『アスペルガー症候群を究める』（編）至文堂2006年、『こころの時限爆弾』岩波書店1998年、『「家族」と治療する――私の家族療法を振り返る』未来社1990年、『家族絵画療法』海鳴社1983年、他多数
訳　書　マクゴールドリック他『ジェノグラム（家系図）の臨床――家族関係の歴史に基づくアセスメントと介入』（共訳）ミネルヴァ書房2009年、ルージー他『学校におけるADHD臨床――現場で援助する実務家のための工夫』（共訳）2012年、ブリス他『アスペルガー症候群への解決志向アプローチ――利用者の自己決定を援助する』（共訳）2010年、ディ・レオ『絵にみる子どもの発達――分析と統合』（共訳）1999年、以上誠信書房

親《おや》があっても子《こ》が育《そだ》つ――描画《びょうが》などモノから見《み》える家族《かぞく》

2018年6月25日　初版第1刷発行

著　者　石川　元
発行者　宮下基幸
発行所　福村出版株式会社
〒113-0034 東京都文京区湯島2-14-11
電話　03-5812-9702　FAX　03-5812-9705
https://www.fukumura.co.jp
印　刷　モリモト印刷株式会社
製　本　協栄製本株式会社

ISBN978-4-571-24069-0　C3011　落丁・乱丁本はお取替えいたします。

定価はカバーに表示してあります。